U0517470

给青少年家庭的性教育礼物

如何保护孩子远离网络色情危害

((·· 王媛 王囡·著

华夏出版社
HUAXIA PUBLISHING HOUSE

图书在版编目（CIP）数据

给青少年家庭的性教育礼物：如何保护孩子远离网络色情危害 / 王媛，王囡著. —— 北京：华夏出版社有限公司，2024.8

ISBN 978-7-5222-0662-2

Ⅰ.①给… Ⅱ.①王…②王… Ⅲ.①性教育—青少年读物 Ⅳ.①G479-49

中国国家版本馆CIP数据核字（2024）第009168号

给青少年家庭的性教育礼物：如何保护孩子远离网络色情危害

著　　者	王　媛　王　囡	
责任编辑	陈　　迪	

出版发行　华夏出版社有限公司

经　　销　新华书店

印　　刷　三河市万龙印装有限公司

装　　订　三河市万龙印装有限公司

版　　次　2024年8月北京第1版　2024年8月北京第1次印刷

开　　本　880×1230　1/32开

印　　张　7.25

字　　数　120千字

定　　价　59.00元

华夏出版社有限公司　网址：www.hxph.com.cn 地址：北京市东直门外香河园北里4号 邮编：100028
若发现本版图书有印装质量问题，请与我社营销中心联系调换。电话：（010）64663331（转）

目录

第二章 培养性健康的孩子，从性教育生涯规划开始

第三章 自我蓄能，在孩子的成长阶段发挥影响力

第四章

提前准备，
面对网络色情挑战轻松有料

第五章

智慧应对色情挑战的
SACS 模式

第六章　问题解答

后记　家庭与自我：
在迎接网络色情挑战中成长 / 214

序言

王媛

用爱的魔法，
战胜对孩子网络性安全的恐惧

2014年，当我决定专注于家庭性教育领域时，从未想过有一天会聚焦在"网络色情"这个主题。在很长一段时间里，我满脑子想的都是如何设计一套课程，既综合家庭养育理念和性教育知识，又能将艰涩难解的理论化为简单易懂的原则方法。我相信，在这样的课程实践中，家长们能够拥有足够的能力去应对孩子出现的性议题挑战。不仅如此，这样的实践，还会让家长们对家庭养育中的性教育更有规划性，即践行我的老师——资深性谘商师吕嘉惠——提出来的"亲职性生涯规划"。

所以，当我看到同门师妹王因所关注的关于色情的议题时，是好奇且有些置身事外的。2016年，我在参加吕嘉惠老师的"儿童和青少年性谘商训练工作坊"时，认识了王因。

她跟我一样，被吕嘉惠老师提出的"性心理人格脊椎骨架理论"深深吸引。依托这个理论，王因开始聚焦网络色情对儿童、青少年的影响。学术派的她查阅了很多资料，整合了国内外有关网络色情的研究，可以说是研究这个议题的先行者之一。

接下来的一段时间，我收到了越来越多家长对孩子接触色情品的求助咨询。这让我对王因的研究从好奇转变为关注。最初，我面对家长们的求助，通常会建议给孩子们完善基础性教育，以此来去除色情品可能给孩子们带来的危害。这背后的逻辑是：当我们正式地跟孩子谈性后，即使孩子看到色情品依然会好奇，但好奇之后他们会产生质疑和批评，毕竟这与他们接受的性教育差距很大。而这样的差距也会指引孩子求助可信任的大人，而非独自承受。网络时代的迅猛发展，尤其是大规模网课后，我有了紧迫感：避免孩子遭受网络色情危害，光是正面跟孩子谈性还是不够，还需要我们家长直接跟孩子谈："色情到底是什么？它的危害是什么？当孩子遇到色情时，应该如何面对？"想到这里，我立刻找到了王因老师，邀请她一起设计了"跟孩子一起应对网络色情"的讲座。讲座分为孩子篇、家长篇两个部分，分别从儿童、青少年视角和家长的视角支持大家应对网络色情的挑战。

可是，在向家长们推广"跟孩子一起应对网络色情"讲座时，我们却遇到新的挑战。曾有一位中学班主任因为班级中出现了色情信息找到我，希望我给学生做一场讲座。她找到我时，忧心忡忡："我希望孩子们能了解网络色情危害，但这个内容非常敏感，不知道家长是否愿意让自己的孩子听这样的讲座。"面对她的担心，我提出，可以先让家长们听一场讲座，让他们了解讲座的内容，以及学习如何跟孩子沟通"色情"这个主题。

时隔几年，那场讲座的场景历历在目。那天晚上，全班的家长聚集在学校会议室里。讲座进行的前一个半小时，会场里鸦雀无声，直到进入互动答疑环节，会场就像炸了锅似的。家长们的各种观点碰撞，与之前的安静形成强烈反差。有的家长说："我的孩子非常单纯，老师你做了这样的讲座，她会不会因此产生好奇，反而主动去接触？"也有的家长表示："我就是在公检法工作的。现在网络色情信息泛滥，我看到不少孩子受色情影响。如果班级不组织孩子学习，我也会带着孩子参加学习。"还有的家长不以为意："我们都曾年轻过，年少时接触一些，也没见出了什么问题。"一时间，大家的观点有了分歧，不禁争论起来。看到这样的情况，我的内心五味杂陈，也失落地预知：这一次，在学校里给学生做网络色情的讲座应该很难实现了。

成人面对网络色情纠结、含糊不明的态度，是我们做性教育工作时常常会面对的情况。虽然我的心中早已有了准备，可每每看到家长对孩子是否进行性教育而犹豫和纠结时，我仍有许多的遗憾和不甘。特别是，当网络色情信息排山倒海般涌来，给本身较少受到系统性教育的儿童、青少年带来巨大冲击甚至伤害时，我更是无法安心、置身事外了。

也许，正是这些情绪成为我和王因的动力。2022年，我跟王因在持续的研究和实践的基础上，将网络色情议题单独打造成一个系列微课，希望家长们通过茶余饭后的碎片化时间，以舒服的方式对性教育中的网络色情有更清晰明确的认知和理解。这个微课一经推出就受到了家长们的热情关注。在这样的热情鼓励下，我们决定再接再厉，着手将微课转化为今天的这本书。

我的好友王因说："独乐乐不如众乐乐，性教育讲师和亲职性咨询师的使命，就是让每个孩子都能感到被关注与爱的基石与能量。"当然，这份"乐"一定是跟家庭的"性福"息息相关的。愿这本书，能助力家长们应对网络色情挑战，让我们的孩子感受到爱与关注！

技术是极具诱惑力的，因为它能弥补人性中脆弱的一面。而我们的确是非常脆弱、敏感的物种。我们时常感到孤独，却又害怕被亲密关系所束缚。数字化的社交关系和机器人恰恰为我们制造了一种幻觉：我们有人陪伴，却无须付出友谊。

　　　　　　　　　——雪莉·特克尔，《群体性孤独》

（Sherry Turkle. *Alone Together：Why We Expect More from Technology and Less from Each Other*）

第一章

网络时代，
为孩子安全护航的现实与误区

孩子是网络色情的"易感染"人群

王因

面对网络色情，成人们的态度莫衷一是：有的人紧张谨慎，似乎孩子只要一接触性，就会产生好奇，做许多探索；也有的人担心急迫，他们看到网络时代的孩童对网络色情几乎不设防，着急地寻找预防措施；当然，也有的人不以为意，以自己的经验佐证，即使孩子接触了色情，也不会产生多大的负面影响。

那孩子们的反应又是怎样的呢？

从 2014 年到现在，成千上万的孩子走进了我们的性教育课堂。无论是北方的长春，还是南方的深圳，孩子们面对"网络色情"这个话题的积极，也许是绝大多数家长从未预想到的。

每当讲师们在课堂里试探性地说"有一天，有人似乎很神秘地给你看一些图片或者是视频……"，讲师们话没说完，孩子们就会大声地回应："老师，那不就是黄色的吗？""哎呀，老师，这些都是少儿不宜的。"当然，也会有孩子偷笑着，默不作声，眼睛看着老师的反应。有的孩子会紧张地低下头，转移视线，避免跟老师有眼神交流。但无论是哪种反应，孩子们显然对这个话题都不陌生，并且情绪复杂多样。

当在课堂里谈及网络色情话题时，孩子们的情绪呈现非常复杂，有好奇、紧张、兴奋，也会有恶心和焦虑。但即使存在这些消极的情绪，"色情"这个议题仍然好像有巨大的魔力似的，都会把孩子们吸引住。

在二三十年前，接触到色情信息的儿童、青少年也许会被贴上"坏孩子"的标签，可到了网络时代，情况却大不相同了。健康快乐的孩子同样会被色情品吸引。有时候，家长会懊恼地表示，自己已经启动净网行动，但防不胜防，无法保证自己的孩子待在"完全纯净"的空间里。孩子往往是偶然接触到某些信息，就被吸引了。看似偶然，实则必然。为什么这样说呢？大体上有以下四种原因：

原因一，孩子天生好奇。

人类有一个天生的强大本能，那就是渴望并且喜欢各种新奇事物，尤其是身体上的新奇（包括性）体验，这种本能在小孩身上体现得尤为强烈。好奇心是孩子童年期的最大特征，它推动着孩子学习和成长。孩子通过五感——视觉的观看、味觉的闻嗅、触觉的抚摸、味觉的品尝和听觉的聆听——来认识这个新鲜又奇妙的世界。

"妈妈的乳房，这么大！我也有，可是小小的！爸爸的也有，也是小小的！"当我3岁多的女儿迷恋《乳房的故事》这个绘本时，在相当长的一段时间里，小家伙都会重复前面那段感慨。看来很朴素的事实在孩子心里引发了不小的激荡。

男性和女性的裸体对于我们成年人而言司空见惯，我们会非常自然地给其贴下标签"男性裸体""女性裸体"，简单直接地盖棺定论。但对小孩而言，每种裸体各有千秋，发现身体的小特点，对他们而言简直堪比《大家来找茬》游戏，那可真是太神奇了、太有意思了。所以，孩子们对裸露的身体感到好奇是非常正常的。如果家长们有点难以理解的话，想象一下孩子对奥特曼世界的疯狂吧。

渐渐地，孩子们逐渐长大，虽然他们已经知道身体隐私界限的概念，比如父母师长常念叨的"隐私部位不能让别人看，不能让别人摸"之类的告诫，但内心的好奇心并没有因此而消解，甚至会有一些探索的行动。

原因二，几乎所有人，在生物学上都会被具有性意味的影像所吸引。

当孩子们接触到具有性意味的影像时，他们自然会感到好奇，并且会变得兴奋，甚至被唤起。这并不意味着孩子们有问题。事实上，这表明他们的身体和大脑正在做出一种人类本能的反应。这是因为有杏仁核这个大脑核心的存在。它是人类脑中最早长出来的一个区域，和情绪、感觉、觉醒相关。这一区域保留着人类的原始基因。杏仁核会让人类的某些本性突显，让人变得更接近动物，所以本能的自我保护、性欲、食欲都在这个区域。可以说，我们人类对于"感官享乐"这件事，是很有天赋的。

只是，色情品会过度刺激儿童的性感受。换句话说，虽然性感受通常在青春期唤起，但在儿童期过早接触色情信息往往导致人类性发展的提前启动。

孩子最初可能喜欢看色情品，也可能不喜欢看；但缺乏足够生活经验和大脑未成熟的孩童，无法理解这些突然觉醒的强烈性感受，从而导致难以应对现状。最终的结果是：孩子会不由自主地被色情品吸引，却不知道为什么，而且孩子时常会感到一种内在的撕扯，那是超越其理性和感性层面的纠结。孩子既会觉得恶心、不舒服，又有一种说不清、道不明的兴奋愉悦。

作为父母，我们要明白，这种吸引力很大程度上是本能驱动的，就像人类对甜食的偏好一样，不得不承认，几乎所有人都喜欢甜食。同样，几乎所有人（肯定也包括孩子！）都会对具有性意味的影像产生反应。

原因三，色情品会催生强大的化学物质，增强对孩子的天生吸引力。

色情品抽离于现实生活，是一种超常刺激。它除了过早激活孩子的性感觉外，还会持续介入孩子正常的性发展，从而提高个体性反应的阈值。这是什么意思呢？

前面我们讲到，人类天生就对裸露的身体感兴趣，但在正常情况下，我们肯定不会接触到愿意在初次见面时便在我们面前裸露身体并展示性行为的人！

这种"非自然"的性刺激导致大脑释放出异常高剂量的多巴胺。我们常称其为多巴胺快乐素，它让我们感到愉悦和幸福。但它也被称为"动机分子"。作家和行为科学家苏珊·魏因申克（Susan Weinschenk）博士解释说："最新的研究表明，多巴胺会引发探寻行为。它使我们想要、渴望和寻找。它提升了我们的一般唤醒水平，并使我们以目标为导向的行为增加了。"

所以，当一个孩子看到色情品时，他的大脑会释放出大量多巴胺，进而让他产生更多的驱动力。即使在一个开始并不喜欢看色情品的孩子身上也往往如此。

不幸的是，随着色情品的反复曝光，它可以持续勾勒孩子发展中的性感受模板，影响孩子的性价值观。最终，色情品可能会让大脑相信，在屏幕前获得性愉悦比在真实世界中的性经历更有价值，甚至更正常。

原因四，刹车偏软——亟待发育的前额叶皮层。

我们首先来认识一下前额叶皮层，它让我们成为独一无二的人类。简单来说，杏仁核让我们像动物一样本能地吃喝玩乐，而前额叶皮层通过理性思维帮助我们在发现危害时及时刹车、停止享乐。发达的前额叶皮层是人类独有的优势，一个人逻辑推理、决策、解决问题、情绪控制的能力都集中由这个区域管理。

针对长期观看色情品的消费人群进行调研发现，他们中相当大比例的人难以理解风险或控制冲动。这种"决策能力受损"被称为低额叶性，而且脑部扫描显示他们的额叶脑物质减少了。对于孩子而言，在真正的发育放缓前（青春期结束前），孩子都是低额叶性的。这也就是说，孩子们用来控制危害行为的能力受大脑前额叶皮层控制，功能不够完善，刹车还偏软。所以，即使知道色情品是不好的，但前额叶皮层正处于发育阶段的孩子们却没有足够的能力来及时停止接触色情品。

如果孩子无法靠自己及时止损，家庭或者学校也无法提供外力帮助孩子，那么面对汹涌而来的网络色情品，孩子将深陷其中。网络色情品的失控，几乎推动了一场势不可挡的恶性循环。

容易被感染，也能被改变

讲到这里，我们需要暂停一下。因为一些阅读本书的父母，可能正在经历"孩子观看网络色情"的危机，前面的内容可能会让他们焦虑："一旦我的孩子深陷色情，是不是便会无可救药地陷入黑洞，只能接受大脑被毁这个残酷现实呢？"当然不是！

事实上，研究表明，色情品的负面影响是可以管理的，在很大程度上能够被逆转，改变是可能的！即使在严重的物质成瘾和其他成瘾的情况下，大脑依然可以随着持续的努力和时间的淡化而逐渐恢复。研究同时还表明，虽然内疚感可以让人的健康状况改变，但随之而生的羞耻感实际上会让人维持观看网络色情的习惯。因此，如果孩子试图放弃色情品，请关爱他，对他的进步保持耐心。由于神经具有可塑性，大脑可以通过时间来慢慢恢复，日复一日的努力会让大脑产生巨变。我们可以把大脑想象成一块肱二头肌，刻意训练它的次数越多，它就会变得越强壮。孩子远离色情品的时间越长，就越容易摆脱它。孩子所需要的只是时间和练习，父母们需要的是持续关心孩子，对孩子有耐心和信心。

当孩子身陷网络色情危机时，他们只是对非自然或超自然的刺激做出了自然反应，这是正常的。所以，当我们要求孩子拒绝色情品，但又不理解和帮助孩子时，我们就是让他们完成几乎不可能完成的挑战。因此，我想再次提醒读者：孩子确实会被色情品所吸引，这无关道德；孩子也会力不从心地失控，需要外力协助；孩子的大脑需要保护，因为生活和网络中充斥着各式各样的诱惑信息。

每个时代成长的孩子，都带有那个时代的烙印和伤痕。如今这个网络时代的迅猛发展，让我们和孩子都措手不及。面对网络色情变幻莫测的发展方式和确定性的伤害，从觉察到干预是从危机中突围的关键。我们成年人需要齐心协力，为孩子们的大脑和心灵筑起坚固的堤坝，帮助他们平安度过青春时光。

脑科学知识参考书籍: Donald L. Hilton Jr., 2021. Pornography and the Developing Brain: Protecting the Children. *Online Child Sexual Exploitation.*

关于网络色情，父母需要认识的
五个现实

王囡

　　"如果中学那会儿，我能够克制一些，少看点色情片，现在就不会出现这些困扰了，唉……"这样悔恨又自责的话语，常常出现在我的耳畔。

　　"我是无意间看到的，虽然觉得有些恶心，但不知道为什么，不知不觉中就想再看看，手就不由自主地去点开这些画面……等我意识到有问题的时候，我已经在里面花费了太多的时间……"

　　因为职业的关系，我有机会跟很多大学生讨论性与色情的话题。我发现，他们在困于网络色情的同时，也能对年幼时经历过的色情危机做出深刻反思。其反思得到的经验非常宝贵，值得与人分享。他们常说，在困顿的时刻，很少会想要求助父母，理由是让父母知道自己接触了色情品，是很羞耻的，也必定会招来父母的批评、指责甚至打骂。现在想来，那个时候，作为孩子的他们，内心真实的期待却是希望父母认识到他们面临色情危机的现实。

接下来，我将以孩子的视角，综合这些大学生的经验，从纷乱的网络色情迷雾中去繁就简，讨论与之相关的 5 个关键现实。我想从孩子的角度去表达、去呼吁：他们希望父母了解网络色情的真相，希望父母能听到他们真正的心声。在现实中，孩子与父母在网络色情认识上有差异，只有消除了这些差异，才能帮助父母更好地理解和支持孩子。

我们先进行一个简单的头脑风暴，思考一下这个问题："当我想到网络色情时，脑海中会浮现出什么画面、词语呢？"（停留 6 秒钟。）

广告弹窗，网页里的擦边球，身材夸张的照片和漫画，还是搜索引擎里触目惊心的关键词？

联想到这里（再停留 6 秒钟），感受你此刻身体的感觉：是紧张、兴奋、激动、恶心，还是害怕、担忧、平静或者麻木？

因为成长年代和文化不同，每个人心中的网络色情都不一样，但有一点是一致的，那就是网络色情带给我们的是对我们的心理和生理的庞杂的双重冲击。这让本身充满了养育困惑的父母们更加手足无措。当我们陷入纷乱的现实时，我们很容易慌乱，关心则更乱，一乱便"慌不择路"，往往导致我们在养育中"好心办坏事"。

哪些是孩子们最希望父母知道的现实？下面我们——道来。

现实 1：孩子们希望父母知道色情品会导致人成瘾。

父母需要明白，色情品被称为新型毒品；发育中的孩子遇到网络色情后，极有可能导致大脑中真正的化学成瘾。

"这种成瘾太可怕了。现在的我对一切都感到麻木，我对曾经享受的所有简单快乐都变得麻木了。由于自己的软弱，无法抵御色情品，我变得越来越沮丧。每当我无法从曾经享受的简单快乐中振作时，我都变得更加抑郁，更加依赖色情片。"坐在咨询室中的少年羞愧又悔恨，这种痛苦体验持续了很久。

科学家深入研究大脑时发现，色情品对人类大脑的影响主要体现在两个方面：奖励回路及前额叶皮层。当然，我们不需要了解非常专业的脑神经科学知识，只需要大概了解它们是如何工作的。

首先，我们来认识奖励回路。它存在于大脑深处，其工作是在大脑中分泌一种叫作多巴胺的快乐化学物质，以回应我们所理解的积极行为，比如吃美味的食物，进行大汗淋漓的锻炼，或者享受亲吻。

多巴胺告诉我们的大脑："嘿，这是一件好事！继续做这件事！"它以简单直接的方式发送这个信息，从而导致我们自然而然地去做任何能够触发这个愉悦过程的事情。一般来说，这是一个很棒的系统，但问题在于，这个过程可能会被劫持。

奖励回路受到的刺激越多，就越能扰动个体对周围世界的感知。看似日常的情境（也许是特定的气味、图像或地点）都可能成为触发因素，促使人们对任何可能让自己兴奋的事物欲望飙升。就像烟草等致瘾物质一样，色情品可以在大脑中形成诱发欲望的奖励回路，而这些欲望促使观看者花更长时间、更频繁地寻找"高浓度"愉悦。色情品因其海量且多样的特性，可以持续不断地满足观看者的需求。更糟糕的是，同类型色情品对大脑的刺激会逐渐减弱，为了获得同样多或更多的多巴胺，大脑会倾向于寻找更多样、更刺激、更大量的色情品来促使多巴胺分泌。于是，这里便有了一个反馈循环，而且是一个恶性循环，其刺激物是色情品。

接下来，我们谈谈前额叶皮层——让我们成为独一无二的人类的重要部位。

简单来说，奖励回路主要负责找乐子，而前额叶皮层主要负责在发现危害时及时刹车、停止享乐。假设面临期末考试的你还想刷短视频，说明你的奖励回路在工作。你可能会想："再来一个，我就不看了！"但是，一旦你的前额叶皮层开始启动，你可能会想："等一下，已经凌晨了，明天还有考试，我得赶紧睡了。"每当你权衡一个决定的后果，推迟对目标的即时满足，或者思考一个问题时，你都在使用你的前额叶皮层。是的，虽然奖励回路在所有哺乳动物中都很常见，但发达的前额叶皮层是人类独有的优势。

在正常情况下，你的前额叶皮层会终止不健康的模式，比如不断升级的色情习惯——对许多人来说，确实如此。许多人会注意到欲望的加剧，并认识到不健康的习惯在逐渐形成，并及时暂停他们的相关行为。与此同时，对色情品消费人群的研究发现，他们中相当大比例的人难以理解风险或控制冲动，这种"决策能力受损"被称为低额叶性。脑部扫描显示，这类人的额叶脑物质实际上确实在减少。我们需要重视这个现实，因为低额叶性与成瘾行为紧密相关。

综上，色情品不仅可以让人产生欲望的奖励回路，还能同时降低大脑控制这些欲望的能力。

现实 2：孩子们希望父母知道如今的色情品与以往大不相同。

我们来稍微回忆一下自己成长过程中遇到的色情品。我出生于 20 世纪 80 年代末，上小学时第一次见识了色情品的威力——其实就是无意中翻见了父母珍藏的《夫妻性生活指南》。当看到书的内容时，我面红耳赤、心惊肉跳，完全把它当作小黄书来研读。

后来我慢慢长大，在地摊文学、盗版光碟中偶尔能够瞥见色情品的影子。再后来我读大学，互联网迅速扩张，我见识到了真正的网络色情，但也需要花很多心思才能获得片源。

但是现在呢？我们的孩子面临怎样的网络色情现状呢？全天候 24 小时，孩子们可以通过社交网站、游戏平台、直播平台等途径获得种类繁多、题材多样、尺度口味令成人瞠目结舌的影像。当孩子们人手一部手机或者一台电脑时，色情信息无孔不入、触手可及，孩子们几乎没有任何障碍就可以获取。

从人们通过《花花公子》等色情杂志来获取调剂生活的色情品，到如今人们轻松获得暴力和色情信息，仅仅过了十余年时间。作为成人，大脑发育相对成熟，从理智上消化这个转变都需要时间，更何况大脑还没有发育完善、正处于发育黄金期的孩子。

"我爸妈根本就不知道现在的 A 片到底有多糟糕。他们觉得就是以前他们看的一些赤身裸体的人而已，但实际上现在的色情片已经远远超出他们的想象。"在一个名为 Scarleteen 的美国青少年性咨询网站上，一位 16 岁少年无奈地吐槽。

今天，作为数字时代原住民的孩子们，已经熟练地掌握了互联网检索技术，想要获取网络色情绝非难事。基于逐利而不断发展的网络色情，又是随时可访问、匿名、低廉和极易上瘾的。这样的现实，在父母辈的成长年代，是不可想象的。

现实 3：孩子们希望父母知道他们被盯上了。

如果我们稍微了解一些色情产业的运营模式，就会发现，这个追逐暴利的产业，在培植用户方面，可以说是挖空心思、无所不用其极。关爱儿童身心健康发展，对于绝大多数色情品制造者而言，就是一个笑话。

深谙人性和商业之道的他们清楚地知道，经过巧妙且有意识的植入，孩子大概率会成为营销受众——潜在消费者，即色情受害者。如果孩子们在很小的时候便接触乃至迷上色情品，那他们便更容易养成消费色情品的习惯，成长为一个受色情品制造者重视的消费者。我们稍微回想一下自己的成长经历就会发现：那些我们年少时阅览过的信息是如何在脑海中闪回，又反复在当下上演并影响着我们的生活的。

言归正传，我们再来看看色情行业是如何针对孩子的行为习惯，来吸引他们成为"小客户们"的：

1. 用免费片花或者图像将孩子拉入色情世界。

2. 在普通的词条检索内容中植入色情信息。

3. 卡通人物和儿童图像被色情化。

4. 利用孩子的好奇心，使用弹出窗口和横幅广告导入色情网站。

5. 利用孩子们喜欢玩游戏的特性，在网络游戏的界面或游戏内容中植入色情信息。

对于孩子而言，这些方式无孔不入，很难避免。尤其是现在，上网课成为常态，孩子们长时间居家学习，与父母共用电脑或手机，色情信息以这些方式更加肆无忌惮地闯入孩子们平静的生活。

现实 4：孩子们希望且需要和父母交谈。

"我爸妈根本没跟我谈过性，更何况网络色情。所以，当我 12 岁遇到网络色情时，我很慌乱和害怕，但不知道该和谁说这件事。如果我爸妈能告诉我就好了。真的希望我能早点意识到自己面对的是什么。"

"爸妈突然开始管控我的手机使用时间。这个变化让我提心吊胆的，很害怕妈妈发现我偷偷搜索色情信息。但他们好像也没发现什么，或者说他们也没什么反应。我不知道他们到底发现我的秘密没有。"

"陌生网友发给我一段暴露的视频。我看到后吓了一跳，赶紧把视频删掉，把这个人拉黑。但那些恶心的画面却反复在我脑海里浮现。我不知道该怎么办，只好通过喝水来强压住自己的恶心，但水喝太多，反而更加恶心。"

孩子们在现实中遇到的种种困境，往往无法求助于父母，只能来到咨询室"亡羊补牢"。需要特别提醒父母的是：切勿想当然地认为一旦和孩子谈了性、谈了网络色情，就会激发起孩子对性的强烈好奇心和欲望，从而导致孩子过早地或者不恰当地发生性行为。相反，当我们平静地与孩子们讨论科学性知识，用与孩子年龄相符的、持续的对话，与孩子一起交流时，我们会对性祛魅，会将性对孩子成长的非正常侵扰降到最低。最重要的是，如此讨论性会增进亲子关系，这是孩子披荆斩棘成长过程中最有效的金钟罩。

当然，如何与孩子谈性也是有技巧的。我这里简单分享给大家：一是自主学习性以及网络色情，阅读本书就是一次非常积极有效的尝试；二是花时间与孩子交流；三是在安全且让人放松的场所交流；四是开始时最好一对一交流，那个准备好交流的人，是开启话题的最佳人选；五是保持冷静；六是不去评判，因为我们自己也不完美。

当然，这些技巧知易行难，本书将为大家一一破题，使大家学到确实可以在生活中行动起来的有效方法。

现实 5：孩子们希望父母是解决方案的一部分。

当孩子身陷网络色情泥潭时，他会体验到扭曲的愉悦：一方面，色情信息的直接刺激让他兴奋；另一方面，色情信息的不可示人又令他有了罪恶感。这种复杂的感受让他无法轻松突围。身为监护人的父母，其实是孩子们最需要的求助对象。父母作为家庭权威的存在，一方面，设立行为规范，让孩子体验到边界感，另一方面，严格执行规范，让孩子体验到安全感。要知道，对于在网络色情迷雾中慌乱的孩子而言，安全感极其重要。

作为父母，我们要时刻做好准备，关注孩子，积极提供保护，设立标准并成为孩子的榜样，这里的榜样不限于在家庭中制定并实施行为规范，更在于展示真实健康的亲密关系是什么样子的，因为色情片描绘了与之完全相反的情况。仅通过安装"净网过滤器"，通过堵来解决网络色情危机，绝不是可行方案。真正有效的可行方案是为孩子的大脑注入网络色情疫苗，通过科学地谈性、谈网络色情，通过展示真实健康的亲密关系，来协助孩子在面对网络色情时具备防御的能力，以良币驱逐劣币。当我们谈论色情时，其实我们谈论的是网络色情，它是顺应时代的产物。人类对色情的欲望自古就有，源于本能，但这欲望通过网络被无限放大，变得如同黑洞一般，让有些人欲壑难平。

有时，身为父母的我们面对网络色情时都会力不从心，那些暴力的、冲击的、扭曲的画面颠覆了我们的三观，侵扰了我们的生活，曲解了我们对亲密关系的理解。对于成长中的孩子而言，他们的大脑处于发育黄金期，需要更加健康完善的保护和干预。同时，孩子在青少年时期，对性的观念、亲密关系的理解也都是打基础的关键阶段。一旦他们被网络色情裹挟，后果不堪设想。

对于养育子女，我们附加了很多期待，每个家庭的期待都有所不同，但有一点是一致的，那就是希望孩子拥有幸福的一生。但这幸福需要对孩子进行用心呵护，也同样需要父母在孩子们成长阶段保驾护航。

———————————

案例参考自网站：https://www.scarleteen.com/.

需要父母留意的色情品五大危害

王因

在序言里我谈到，在学校里开展针对学生接触网络色情的讲座比较困难，大部分是源自家长们对"色情"的认知和价值观不同。其中，有一个观点最为突出：年轻人，尤其是男孩子，难免会接触一些色情的内容；家长不应该大惊小怪，只要能跟孩子说明不要过度接触就好了；在现实生活里，接触色情的人非常多，也没看到有多少人沉迷其中而受到伤害。

关于网络色情的危害，有很多成熟的研究成果。简单概括现有研究成果，可归结为以下几点：成瘾；沉迷暴力和侮辱性的内容；对性的不健康对待、性虐待风险增加；摧毁家庭和婚姻；心理健康问题；儿童之间发生性伤害行为的风险增加。

互联网时代，更需要我们家长转换观念，以对色情的传统认知和经验来判断当今猖獗的网络色情对儿童、青少年的危害为何，已经不合时宜。尤其是在网络使用者越来越低龄的现状下，对未成年人而言，以下五大危害更值得父母们重视：

危害一：色情品容易在未成年人间传播。

犹他大学心理学系学生拉西·本特利（Lacy Bentley）进行过一项未发表的研究，她对 238 名女性和 132 名男性进行了调查，了解他们最初接触色情品的情况。经调查，她有了这些结果：

第一，接触过色情品的儿童经常向其他儿童传播色情品。32% 的女孩和 40% 的男孩说，他们都是被动接触到色情品的，而且在他们的生活中，经常是同一个孩子向其他孩子传播色情品。

第二，儿童间传播色情品，经常是种小团体行为。48% 的女孩和 49% 的男孩说，他们第一次看到色情品时，总是有很多孩子在一起。

第三，儿童接触色情品后，很少告诉父母。只有 9% 的女孩和 7% 的男孩在接触色情品的当天告知了父母。将接触色情品作为一个秘密不告诉父母，是非常不利的，因为羞耻和保密会增加成瘾的风险。总体而言，31% 的参与者从未谈论过他们童年时接触过色情品这件事。然而，哪怕是不小心接触到色情品的孩子，也有近 80% 的会去主动寻找更多的色情内容。

第四，儿童为了更方便地获取色情品，会采用转卖的方式获利。在我接到的青少年接触网络色情的个案中，当询问他们从何处获得色情品资源时，他们说孩子间会互相转卖资源。甚至有的孩子会在网络平台里放出有资源销售的信息，扩大销售渠道，获利后去购买更多的色情资源。而做出这一行为的孩子，并不知道自己已经触犯了法律。

危害二：色情导致孩子"性化"。

前两年，法国电影《小美人》（*Cuties*）在被网飞引进美国后，遭到了排山倒海的谩骂，原因是为了展现女孩对"自由"的追求和探索，影片中出现了非常多未成年女孩性暗示或性挑逗的镜头。虽然西方性文化相对开放，但那样的画面依然引起了极大的骚动和抗议。我国虽然不会引进这样的电影，也不允许类似影像公开展示，但在儿童选秀节目、儿童摄影写真或者儿童模特身上，我们又能发现极为明显的儿童成人化乃至性化的影子。

随着社会文化的开放，软色情的边界正变得越来越模糊。当今流行文化中，很多抓人眼球的女性着装和亲密性行为其实是色情的。而在这样的文化熏陶下，女孩们从小就被鼓励注重穿衣打扮，用流行文化中对身体的刻板印象来束缚和物化自己。

当然，色情是身体物化的极端例子，女孩首当其冲。色情给流行文化造成了深刻的影响，诱导年轻女孩必须以某种方式打扮，必须化妆，必须对自己的身体精雕细琢，从而变得性感、可爱、经得起男性的凝视。为什么会发生孩子性化这样的事情呢？原因之一是我们可能根本意识不到的暴利驱动。

危害三：色情品提高了性行为的发生概率。

早些时候，澳大利亚伍伦贡大学的迈克尔·弗勒德（Michael Flood）博士为澳大利亚政府撰写了一份报告。在报告中，他提到："最近的三项大规模纵向研究表明，通过关注孩子在电视、电脑等电子媒介上何时接触性内容及接触的什么内容，可以预测青少年早期的性活动，即使是不露骨的、性化意涵的影像也可以用于预测。"

英国的研究报告则指出，很多孩子会模仿他们在色情品中看到的内容。"如果我不看色情品，我就不知道该怎么办。"一个读中学的男孩说道。英国的这份报告显示，21%的 11～12 岁儿童、39% 的 13～14 岁儿童以及 42% 的 15～16 岁儿童与这位中学男孩的说法是一致的："网络色情让我有了尝试性爱的想法。"鉴于色情作品主要是暴力和异常的，以及青少年大脑发育、认知发展的不完善，这一发现令我深深担忧。

对于经历过"禁止早恋、专心搞学习"的大多数中国父母而言，现在处于进退两难的尴尬境地：一方面，他们知道青春期懵懂感情的宝贵，不想孩子重走曾经充满遗憾的"禁欲路线"；另一方面，他们担心一旦孩子恋爱了，甚至接触色情了，会错将色情信息中的性行为与真正的亲密关系混为一谈，甚至转化为行动，那该怎么办？面对以上两难境地，父母们可能会下意识地采取"禁止"方案，但禁止绝非良方，因为它会导致"禁果效应"：越禁止，孩子越反抗，行为越出格。

危害四：色情诱发儿童性伤害行为。

最近这些年，越来越多的未成年人性伤害行为曝光在社会新闻中，作案手法的残忍与加害者的青涩形成强烈反差。追踪之后，我们常常能够发现在这些恶性犯罪案件中隐藏的网络色情暗影。基于网络色情议题的敏感性，暂时没有找到我国的相关数据，所以我们先来看几组基于大规模调研整理后的国外统计数据：

（1）根据美国司法部对其国内犯罪的研究，在美国，近40%的儿童性虐待是由未成年人实施的。超过三分之一的儿童性侵犯案件是由未成年人犯下的，且兄弟姐妹往往是加害者，兄弟姐妹性虐待比亲子虐待更常见。

（2）英国议会的报告称："在18岁以下儿童遭受的性虐待中，高达65%是由18岁以下的人实施的。"另一份英国报告称，儿童性伤害行为的事件正逐年增加。一项研究发现，开始尝试性行为的儿童平均年龄是8岁半，其中65%是男孩，35%是女孩。他们中的大多数人与亲生父母一起住在家里，超过一半的人将他们的性行为对象指向兄弟姐妹。

色情成为未成年人性犯罪的元凶，它教唆孩子们实施犯罪行为，却不被成人知晓。莎伦·库珀（Sharon Cooper）博士警告："对儿童造成伤害的一个巨大风险是青少年观看色情片后变得性兴奋和失控，然后极易对年幼孩子实施虐待性行为。在网络世界中，色情内容的易得性极大地增加了这种情况发生的可能性，但其实，在这种悲剧性案件中，不管是加害者还是受害者，他们都是被网络色情戕害的孩子。"

危害五：色情扭曲了孩子对亲密关系的态度。

在谈性色变、孩子们普遍缺乏系统性教育的大环境下，孩子们的性好奇无法通过学校或家庭得到及时满足，这时他们便会通过网络检索，轻松获得各类"性知识"，其中不乏色情内容。当孩子使用色情品作为性知识的来源时，他们对性的认知将被扭曲为暴力的、侮辱性的、不真实的，而不是爱、信任和尊重。

在健康的亲密关系中，我们通常将性与爱、同理心、温柔、关怀、尊重等品质联系在一起，但在色情品中，这些美好宝贵的品质都缺失了，取而代之的是男性的攻击性行为和侮辱行为，女性假装享受，男性女性都被极端物化。简而言之，色情品中的性行为都退化到了动物本能层面，都是在亲密关系中制造对立与隔阂。更重要的是，网络上司空见惯且无孔不入的软色情及色情影像，正在影响置身于其中的孩子思考性与亲密关系的方式。

虽然已经看过了很多社会新闻，也有很多性教育和性咨询的实践经验，但作为父母和性教育工作者的我们谈及网络色情的危害时，常常会不由自主地感到焦虑，所以普通家长的焦虑可想而知。本章重点讨论五大危害，不去对网络色情的危害一一罗列，我们的考量是：一方面，让父母们对网络色情保持警惕的同时，不至于被焦虑裹挟，毕竟焦虑往往使应对方式不妥，而且对自己的小孩，大多关心则乱；另一方面，这五大危害涵盖了孩子可能深受网络色情危害的重点和薄弱环节。

拨开焦虑迷雾，反思养育初心，我们会发现对于孩子的成长，去掉那些世俗意义上的标准和框架，我们更希望孩子拥有美好幸福的未来，而这未来需要健康的亲密关系加持，这未来也是十几年养育之路的灯塔。既是灯塔，那么发现网络色情的暗礁后，充分认识，及时处理，积极应对，也是自然而然的事了。

统计数据和研究参考自网站: https://www.defendyoungminds.com/.

父母们处理网络色情的六个误区

王囡

"儿子刚刚满 12 岁，我就发现他偷偷浏览色情网站。我有些担心，于是问我周围的朋友们，她们都说没发现自己的小孩看这类网站。这让我特别担心孩子是不是出问题了。我跟老公说了后，老公说男孩子有这样的阶段很正常，这事就不要提了。但我的心里还是不踏实……"

"老师，其实两年前我就发现孩子在看色情片了。当时我很崩溃，对孩子说了很难听的话，也一次次惩罚过他。但直到现在，孩子还是会偷偷看，我真的感觉他上瘾了。他要只是看就还好，要是做出点什么出格的事情怎么办？我都不敢想，毕竟他看的那些片子，唉……"

因为孩子观看色情片前来求助的家长不在少数，他们在吐苦水的同时，更想要获取一些立竿见影的解决方案。每当此时，我都会建议前来咨询的父母慢一点，一起聊聊，让我们一起梳理孩子看色情片的信息：孩子们正处于什么阶段？他们面临什么挑战？此刻的行为对于他们而言意味着什么？怎么支持和引导孩子，在不带羞耻心和恐惧感的情况下，警惕色情品的危害？

与孩子谈性、谈网络色情是一个系统的学习过程，需要足够长的时间去体验和理解。所以，在真正采取行动之前，我们要先规避那些不适宜的处理网络色情的方式。之所以如此考量，主要是因为很多家庭在养育中可能已经碰触到了网络色情议题，也极有可能采取了一些不太恰当的处理方式，而正是这些方式有可能违背家长们谈论网络色情议题的初衷，对孩子产生负面影响。

因此，我们本章先来梳理一下当家庭出现网络色情挑战时，父母们可能存在的应对误区。这其实是排雷，排掉那些可能引发亲子冲突的应对方式之雷。

误区 1：使用羞耻感进行威慑。

许多父母认为，如果能够让孩子对自己的错误感到难过和羞愧，他们就会停止错误的行为！事实是，那些激发孩子产生羞耻感的话，比如，"我简直不敢相信你会这样做！""一个好孩子怎么会看那些乌七八糟的东西！"，其实对孩子是非常有杀伤力的。

为什么这样说呢？因为类似激发孩子羞耻感的话语说多了，日积月累，孩子们最终会认为自己是一个坏孩子，而不是一个做出错误选择的好孩子。这种羞耻感最终会导致孩子们将自己封闭起来，不与父母交流。这种封闭的状态会让孩子们孤军奋战，离所需要的帮助越来越远。

我们还要知道，大多数孩子会对观看色情品感到羞耻。为了帮助孩子们摆脱羞耻感，能够自由地与父母交谈，父母最恰当的处理方式就是：让孩子知道无论他们做出什么选择，父母都会无条件地爱他们。当然，这样说起来有点宽泛。面对孩子的"问题行为"，我们终究是要通过语言来表达，那么怎样表达会传递出他是一个坏孩子的信息，怎样表达能传递出他只是一个做了错误选择的好孩子的信息呢？我来举几个例子，大家可以体会一下，听到这些话语的感受和想法：

我不敢相信你居然干这样的事！

你知不知道这样做太丢人了，太恶心了！

看到你看这些垃圾，我都开不了口说了，太下流了！

这些东西太可怕了，会上瘾的。你看就完蛋了！

在这样的话语里，我们不难听出家长的紧张和担心，甚至还有愤怒、羞耻和无助，所以他们才会这样脱口而出。父母在应激的状态下，很难保持平静和自持。

可是，此刻，还有人同样经历着担心、无助和羞耻，那就是正在听这些话的孩子们。请家长们仔细品味这些话语所带来的情绪冲击，这样消极的感受真的可以帮助孩子摆脱色情的吸引力吗？他们是怎么看此刻的自己的呢？我想，任何一位家长都不愿意让孩子觉得自己是糟糕的人。所以，父母要提醒自己，使用羞耻感来进行威慑，无疑是饮鸩止渴，反而会让孩子更受伤。

误区 2：忽略问题的零交谈。

有些父母即使知道孩子看过色情品，也不会与孩子交谈，其原因大致有两个：一部分父母认为色情是成长和学习性行为的正常的一部分。当然，基于当今父母的成长年代，这样理解还算合理。但棘手的是，如今的色情内容已经变得极其暴力和扭曲，对人的物化越来越极端（尤其是对女性），以至于孩子们通过网络学习到的性知识特别混乱、危害性极强。一部分父母被恐惧左右，他们不知道该说什么，也不知道他们的孩子会如何反应，在焦虑状态下表现僵化。

我非常明白，对在成长过程中未曾接受过性教育的父母而言，现在要直接开口与孩子谈网络色情，实在是太难了。光是想象这个画面都让很多父母内心翻江倒海，更何况真枪实弹地去谈。

但亲爱的读者，请坚信：孩子们真的需要与父母一起面对这些光怪陆离的影像，并解释它们所传递的暴力的、侮辱性的和脱离现实的信息。当我们躬身于讨论这些焦灼的话题，愿意为了孩子的健康性成长去战胜内心的不适和焦虑时，我们会获得成倍的回报：更加健康的孩子和更加融洽的亲子关系。

所以，当发现孩子观看色情品时，请与他保持沟通、保持积极交谈，这是破除色情魔咒的最佳武器。

误区 3：彻底的断网行动。

大多数情况下，当发现孩子观看色情品时，我们的第一反应是拿走所有可能成为色情媒介的电子设备，迅速彻底地断网，从而将孩子与色情信息物理隔离，将孩子接触到色情的可能性降到最低。

在孩子的前额叶皮层真正发育成熟前，家庭中设立规则和界限确实有其必要性，但我们也要对孩子们成长的网络文化保持一定的敏感性和涵容力。网络时代成长起来的孩子，绝大多数通过社交软件与朋友交流。如今的社交软件类似于我们当年的书信往来，虽然速度和内容都不可同日而语，但同样承载着他们社会化的人际连结。这种人际连结对于孩子们而言极其重要，切断连结会让孩子们孤独，而孤独又往往与成瘾行为紧密关联。

同时，在禁果效应的加持下，网络色情越禁，他们越想看；加之断网断社交媒体带来的孤独感，孩子们更有可能将观看色情品变为一种隐秘行为。越是隐秘，我们越难探知孩子看了什么、如何思考所看内容以及这些内容对其认知和情感的冲击将导向何种行为。这一切都像是开盲盒，只是开出来的大多是惊吓，而非惊喜。

所以，完全断网虽然简单可行到分外诱人，但我们的家庭氛围也因之而变得窒息、紧张。这样的行为看似保护孩子，实则是把孩子从我们身边赶走，将其推向更不可测且危险的境地。

因此，在网络使用规范上，我们需要对孩子授之以渔，尽可能教会孩子富有智慧地使用网络，保证他们独处时也能降低犯错的可能性。在恰当的时机下，我们可以与孩子们讨论什么样的网络内容是安全的，讨论家庭网络使用的规则，和他们预判可能在网上遇到的情况以及如何处理。最重要的是：告诉他们随时可以来向我们求助，我们会一直和他们并肩作战。

误区 4：做出灾难化假设。

陷入恐慌时，我们的想象力有时会非常疯狂，我们开始时不时相信那些最糟糕的情况已经发生。我们一遍遍在头脑里反思孩子是如何接触到色情品的，他们为什么看以及他们是不是还隐藏了更多可怕的事情，等等。

当你觉察到自己的头脑开始追随恐惧感而不是事实本身时，请响起警铃，暂停思考。你不需要围绕孩子做假设：正在积极搜索色情信息、沉迷于色情、试图反抗你、故意欺骗你、走在成为性犯罪者的道路上、注定要以各种可怕的方式把生活搞砸……当然，如果你开始搜索有关色情成瘾的新闻，你会发现更多令人心碎的故事。

这些糟糕的情况，确实会让你感到恐惧，但它们未必会发生在你的孩子身上。毕竟，许多悲剧之所以发生，是因为没有人在恰当的时机去帮助这些孩子。可是，正在阅读本书的你有充足的机会，和孩子一起冷静交谈，关心他、支持他。你绝对有能力帮助他化解色情危机。

切忌被博人眼球的社会新闻裹挟，切勿因孩子的一时错误选择而对他以及他的未来全盘否定。请尽可能活在当下，用冷静的头脑思考问题，用积极的心态解决问题。

误区 5：都怪"我"。

我们有句老话叫"子不教父之过"，意思就是孩子的行为反映了父母的养育能力。但这句话放在今天，对于很多父母而言太沉重了。因为当今孩子接触到的信息、经历的人际关系实在太复杂了。父母们虽然对孩子具有抚养和监护义务，对他们早年的成长有足够的影响力，但随着孩子长大，逐渐有了思考和选择，生活的责任需要孩子自己来承担。

如果你发现孩子在看色情品，可能会下意识去想"我是不是哪里做错了"，然后被后悔和懊恼纠缠，压得喘不过气来。但一直沉浸在这样的情绪中原地打转，无法让你成为孩子此刻需要的父母。

建议替代的问题是："好吧，事情已经发生了，情况确实挺糟的，现在我该做什么才能帮助我的孩子？"真正的超人父母不是在孩子遇到麻烦之前介入并帮助他，而是当孩子遇到了麻烦时，孩子会想到我们，也相信我们能陪他们一起解决问题。

孩子观看色情片并不会让你成为一个"坏父母"，也不会让他成为一个"坏孩子"。父母沉溺于内在羞耻感，往往会加强孩子的内在羞耻感。我们能做的就是：接受当下发生的事情，无条件地支持和爱自己的孩子，相信他们会战胜当下困难，有能力改善自己的困境，同时传递给孩子一个信息：任何时候，身为父母的我们都愿意为孩子提供帮助。

误区 6：进行"一劳永逸"的对话。

如果你的家庭已经出现网络色情危机，你也已经和孩子讨论过它，那么保持对话、持续跟进至关重要。为什么这样说呢？因为网络色情无处不在，人性对欲望的需求时时反扑，所以网络色情导致的成长危机，必然不会一次性解除。有的家长对跟孩子沟通网络色情的谈话抱有很高的期待：都谈过了，孩子应该懂得应对色情的诱惑了。有的家长在万不得已的情况下跟孩子沟通，但过程并不如预想的那么顺畅，便不愿意再提起。也有的家长非常担心，再继续跟孩子沟通，会让孩子不耐烦，从而产生逆反心理。

万事开头难，你的家庭已经有了第一次交谈，最难的阶段已经过去了。当然，为了让这"例行谈话"变得简单一些，你可以选择一个让人轻松的环境，不需要刻意进行真诚深刻的眼神交流。可以选择在车里，相对随意地开展一次"有备而来"的谈话，譬如：

· 我们上次谈话以后，你如何避免色情信息？

· 人们有时候会忍不住想看色情片。我想知道，你能应对这个问题吗？有需要的话，我想我们可以一起讨论一些应对办法。

· 你所看到的画面会时不时出现在你的脑海里吗？当这种情况发生时，你会怎么做？我能帮上什么忙？

请记住：保持对话、提出问题不是为了监控和拷问孩子，而是为了提醒他们，你是来提供帮助和支持的。解决所有家庭危机最有效的武器是坚固的亲子关系，它对于彻底地解决危机至关重要。

在家庭中应对网络色情挑战的最好方式是将工具与谈话结合：一方面，与孩子一起商定网络使用规则和追踪机制，另一方面，用积极的、解决问题的态度与孩子持续沟通，讨论性、网络色情、亲密关系等话题。

当家庭中出现网络色情危机时，感到焦虑紧张而使出昏招是出于人性的自然之举，但不能因为人性使然，就放任自己在错误的道路上一骑绝尘。刚开始，自然会有情绪的本能反应，但当你准备好了，你很快就能变成冷静、有爱心的父母。请相信你有这种能力。因为只有相信自己，你才能更好地信任孩子，才能将潜在的对抗转变为强大的连结，与孩子一起应对网络色情挑战。

案例和处理方式的误区参考自网站：https://www.defendyoungminds.com/.

性教育从来都不是生理知识教育，性教育是关系教育，更是全人教育；它关系着你能教出怎样的孩子，关系着他未来如何看待自己的性与亲密关系。

——吕嘉惠，《爱与放手》

第二章

培养性健康的孩子，
从性教育生涯规划开始

如何给孩子进行性教育生涯规划

王媛

　　当家长发现自己的孩子接触色情品时，最急切的莫过于想找到一个方法帮助孩子脱离困境。每次家长们向我求助时，我都会第一时间详细地询问他们，问他们在发现孩子接触色情品之前，是否跟孩子沟通过性方面的话题。

　　有的家长表示，从未跟孩子沟通过此类话题；有的家长说，计划跟孩子谈谈青春期发育，但没想到这个挑战来得那么快；也有的家长着急地反问："老师，我之前有没有跟孩子谈过这方面的事，跟解决孩子看色情品的问题有啥关系？"

　　从近的视角来看，评估父母是否具备跟孩子谈性的能力，是我给予家长们支持建议的重要参考因素；但从远的视角来看，网络色情挑战是家长们在应对孩子性发展的过程中越来越不可忽视的议题。现在的父母很少考虑过，需要随着孩子的发展制定生涯规划，一步一步建构相关能力。这就是性谘商师吕嘉惠老师在《爱与放手》书中谈到的：家长要做学习型的父母；要根据孩子的发展制定规划。落实到孩子的性发展领域，就是性教育生涯规划。

何为性教育生涯规划

嘉惠老师在书中把孩子的性发展分为五个阶段：

0～6岁，孩子性发展的萌芽期，是家庭性教育能力建构的暖身期。在这个阶段，父母要开始关心孩子的性发展，搜集相关资源，与伴侣沟通练习，并在家庭中营造轻松谈性的氛围。

6～11岁，孩子性发展的懵懂期，是家庭性教育能力建构的储备期。在这个阶段，父母要储备青春期身体变化的相关知识，逐步跟孩子进行沟通。除了教导孩子如何做以外，父母还需要考虑自己的性价值观，具备谈性能力，陪孩子做好进入青春期的准备。

11～16岁，是孩子性发展的青春/摸索期，这个阶段是家庭性教育的关键期。原因在于，在这个阶段，孩子不仅会体验到身体的变化，更会对性从摸索发展到更进阶的探索。面对青春期生理和心理发生了变化的孩子，父母更要具备在价值观上设限与涵容的能力。

16岁以上，是孩子性发展的体验期。父母在此阶段需要继续学习如何逐渐放手，同时让孩子感受到父母的爱依然在，给予孩子长久而稳固的陪伴。

成年以后，是孩子性发展的实践期，又被嘉惠老师称为爱的传承阶段。经历过放手的父母，与进入成人期的孩子，两者的关系从亲子关系变成尊重界限与陪伴的朋友关系。

我们看到，嘉惠老师对家庭性教育生涯规划不仅提出了具体的年龄阶段，更为家长们在不同阶段如何给孩子做性教育指明了态度和方向。

性教育生涯规划的具体内容

联合国教科文组织在 2018 年出版的《国际性教育技术指导纲要（修订版）》中提出了一个基于各国最佳性教育实践的框架。这个框架由关系、价值观 / 权利 / 文化与性、理解社会性别、暴力与安全保障、健康与福祉技能、人体与发育、性与性行为、性与生殖健康这 8 个核心概念组成，并且在每个核心概念下又细分为 4 个年龄段（5 ～ 8 岁；9 ～ 12 岁；12 ～ 15 岁；15 ～ 18 岁）。

该指导纲要侧重指导教师们在学校里开展性教育。但它包含 8 个核心概念，并且在每个细分年龄段都有相应的课程目标：知识、态度、技能。因此，该纲要的内容对家长们如何在家庭中实践性教育也有极大的参考价值。

我们和几位伙伴联合创立的荟光教育咨询分别为孩子、家长提供了相应的支持和服务。面对家长，荟光设计开发了

0～12岁孩子家庭，10～18岁孩子家庭的性教育工作坊，帮助家长培养实践家庭性教育生涯规划的能力；面对孩子，荟光分别针对幼儿、儿童、青少年生理心理的不同，设计了循序渐进的系统性教育课堂体系。

嘉惠老师在《爱与放手》一书中指出：人一生的性教育，是对关系、生命、自我成长的学习；探索是家长送给孩子最好的礼物，也是家长送给自己最好的礼物。

在10年的家庭性教育推广和实践经历中，我们发现有不少的家长心存期待。他们知道这份礼物的珍贵，但在具体的实践中却举步维艰。这跟他们未接受过系统性教育有关，也跟我们千百年来对性讳莫如深的文化有关。家长们要突破重重困难，顶住压力跟孩子谈性确实不容易，更别提为孩子量身打造性教育生涯规划了。

就像我们的孩子在慢慢成长一样，家长也需要伴随着孩子学习和成长。规划无法一蹴而就。家长要真正了解孩子，在日常生活中观察孩子的言行。在观察的同时，家长对孩子保持开放和好奇的心态。在孩子的每个阶段，家长应亲身参与或者给孩子提供性教育资源。这些都是家长们在实践对孩子的性教育生涯规划时要做的。

参考书籍：吕嘉惠.爱与放手.成都：成都时代出版社, 2020.

能够应对网络色情的孩子，厉害在哪里

王媛

随着孩子的成长，家长的"紧张链"也在不断变化中。一开始家长担心孩子的吃喝拉撒、身体发育，接着是孩子的读书求学，再接着就是孩子的爱恋与性。然而，在我们生活的环境中，即使最有爱心、最有知识的父母，面对孩子的性教育也会紧张和退缩。色情和自慰这两项议题，无论是单独存在，还是结合在一起，都是家庭性教育中最难攻克的难题。

"老师，我的儿子接触到了色情，他会不会因此沉迷？"

"老师，我发现孩子有自慰的行为，我要怎么做才能让她不伤害自己？"

在这些家长眼中，孩子们面对自慰和色情，毫无免疫能力。一旦接触，他们就无法摆脱诱惑。事实上，我们也知道许多人都接触过色情，也曾自慰过。但为什么有的人能健康成长，有的人则会成为家长们担心的"受害者"呢?

接下来，我将为大家展示一个新的养育视角，讲解一个有关性心理的理论，帮助家长们认识到：一个性健康的孩子需要具备五项基础能力。这五项能力不仅能使他应对网络色情，还会帮助他逐步认识自己，对未来的爱与性有笃定的认知，朝着自己希望的方向前进。

丽莎一直对自己的养育忧心忡忡。这倒不是因为她的儿子让她操心，而是他太"完美"了。从小到大，儿子都是大家口中的"别人家的孩子"。他懂事成熟，学习成绩优异，也深受老师和同学的喜欢。可丽莎对此却充满了忧虑："小志太懂事、太优秀了。我很怕他压抑了自己，因为他从来没有像其他小孩一样调皮或者叛逆。"所以，当她发现刚刚进入青春期的小志，似乎接触到了色情品，还有关上房门自慰的行为时，便坐不住了。她一方面赶紧向我报名参加性教育课程，一方面说服孩子参加性教育课程。一开始，小志不同意参与，但最终抵抗不了妈妈的苦苦请求，同意参加学习。只是有一个条件：他要单独来上课，妈妈不能参与课堂观摩。为了让孩子上课，妈妈同意了。在上课之前，妈妈不住地叮嘱我，希望我关注小志的情况，帮助他。

4～6年级的孩子课堂是混龄的。那一次课，意外地只有小志一个6年级男孩。他的个子很高，坐在孩子中间，有点鹤立鸡群。他的状态也非常沉稳，与周围叽叽喳喳嘈杂的环境成了鲜明的对比。我不禁有点担心，向他询问："这一次上课的同学都是4、5年级的，只有你是6年级的，可以吗？"他微微点头向我示意，简单地回复："可以的。"接下来的四节课，小志一直保持着安静与沉稳。我能感受到他的专注和认真，但除了最初那三个字的回复以外，他再也没开口，既不回答问题，也未向我提问。直到最后一节课进入尾声，当我讲述青少年自慰内容时，小志突然举起手来，提问："请问，有过度的自慰吗？什么样的情况算过度自慰？那会产生怎样的伤害？"小志的提问让我愣了一下，我直视他的眼睛，看到他的眼神并没有躲闪，眼中也没有害羞、紧张和局促，只有想要获得知识的渴望。于是乎，我放松了下来，一一回复了他。

课后，我特意走到他身边，向他核实并好奇地询问："刚刚我回答你的问题时，感觉到你并不意外，似乎心中早已有了答案。可为什么你还是会提出来呢？"小志愣了下，很快诚实地回答我："是的，在之前，我已经阅读了书，了解了自慰的情况。但是，我发现妈妈对这件事特别紧张。我知道她要求我来参加这个课程是担心我。如果我不来，她更会瞎想。正好，我也可以再从老师的口中得到确认。"听完孩子的话，我不禁感慨万千。这时候，教室旁等待的妈妈走了过来，小志收拾好，点头向母亲示意，起身离开。我也赶紧向妈妈说明："你的孩子非常厉害，晚点我会向你说说，他具体厉害在哪里。"

能够应对自慰议题或者色情议题的孩子，厉害在哪里？这得从理解性心理人格脊椎骨架理论开始说起。这是性谘商师吕嘉惠老师融合各学派理论发展出的理论概念，也是以能力建构理论取向的性谘商的参考模型。

简单地说，在我们的身体中，脊椎起到支撑的作用。有了它，人们可以坐卧、站立、行走、跑跳。而在我们的性心理中，同样也存在着这样的"脊椎骨架"。它支撑着我们看待自己、看待他人，并与他人建立合宜的关系。性心理人格脊椎骨架可以帮助人们感受和理解自己的情绪，应对生活中的各项事件。尤其是当人们在生命中遇到了冲击时，它可以作为人们的支撑，影响着人们的生命质量。

这个性心理人格脊椎骨架由五项基础能力建构而成，分别是：自尊状态/能力（依附能力）、情绪界限/能力、人际界限/能力、性知识/性议题处理能力、性哲学与价值观。这五项能力支持着个人建立良好的性心理。

接下来，我们再结合色情议题来具体解释这五项能力。

第一，自尊状态／能力：我的性值得被我爱，我能对自己的性负起责任。

在家庭中聊性教育，尤其涉及色情，是非常艰难的事。除了谈性本身的困境以外，更重要的是：色情这个话题本身就难以启齿，在道德上会被评判。并且，在文化迭代中，我们对性的恐惧和羞耻，也牢牢地印刻在我们的身体感官里。当然，减轻谈性的羞耻感并不代表没有界限感，不尊重社会习俗或者道德规范。我们需要帮助孩子看到自我的性，且建构良好的性人格自尊，而不是全凭本能行事。这就是性心理人格脊椎里的第一项基础能力。

那么如何才能让人们爱自己的性，对自己的性负起责任呢？我们可以从自尊包含的内容、自尊能力如何培养两个方向入手。自尊涉及我们怎么看待自己，是否喜欢眼中的自我。孩子一生下来，就在寻求对自我的追求，学着信任或者怀疑父母或主要的照料者。在孩子幼年时，我们及时地满足孩子的需要，让孩子处于安全的环境，不仅是在生理上让孩子成长，更是在心理上让孩子感觉到自己是值得被爱的。而这个功课贯穿孩子的整个成长期。一个高自尊的人，才会在面对自我与他人的界限时找到平衡和合适的落脚点。

如何才能让孩子们具有性自尊能力呢？我们要让孩子在成长过程中自爱，认识自己的身体、爱自己的身体、爱自己的性别；树立自我观，认为自己是值得被爱的、积极的、乐观的；自信，有信心去面对性的困惑或挑战，未来会有美好的性。在这样的高自尊人格下，孩子自然会有能力对自己的性负起责任，尊重自我和他人的界限。

第二，情绪界限 / 能力。孩子能感受与理解自己的情绪，分化出人际的情绪界限，并在情绪压力中安顿自己。

当孩子遇到情绪困境时，他可以觉察到自己的感受：生气、伤心、沮丧。他可以了解到人产生各种情绪是自然而正常的。但我们可以在接纳情绪后，选择不同的处理方式。我可以生气、可以愤怒，但我不会因此伤害别人或伤害自己。这就是在情绪压力下安顿好自己。情绪能力，不仅体现在我们能处理好自己的情绪，也体现在面对其他人的情绪时，我们可以理解对方的情绪产生与我们无关，帮助我们更好地应对由镜像神经元造成的反应。

第三，人际界限 / 能力：能够倾听别人，表达自己。

在"听"到性的字眼之前，家长们不妨回忆一下：从小到大，你们听到有关色情的话题时，是什么场景？当时的你们是什么感受？小时候，父母是否跟你们谈论过色情？如果谈论过，他们是怎么谈的？当时的他们是什么表情？上学后，老师是怎么说性的？当时的他们是什么表情？周围的同学又是什么表情？成年后，人们谈到色情时是什么情境？在这些记忆中，你们记得的色情是内容，还是羞耻感和禁忌感？这里，我们谈到的"倾听"，不是我们在成长过程中受到各种影响时产生的反应，而是真正听到议题背后每个人渴望被正确听到的信息。由此可见，性的表达也绝不仅仅是谈论性的内容，而是我们如何正确地表达自己、我们对性的感受和观点、我们如何对他人的表达予以反馈。试想，一个人如果可以认知不同形式的沟通，清晰地表达"是"或者"不是"，坦陈自己的感受和理解，表达自己的观点，那他在面对网络色情挑战时，会多么自然和从容。

第四，性知识／性议题处理能力。

网络色情，是孩子们面临的众多性议题的其中之一。我想，绝大多数家长都不会认为，在这个议题的处理上，只要把知识搬到课堂，给孩子讲讲网络色情的危害，他们就能妥善应对了。人在发展和成长历程中，绝不是单纯依靠知识来应对生活中的挑战。我们的性更是如此。包含网络色情议题的性教育，几乎没有办法给出标准做法。它会因为个人、家庭、社会、族群的不同而不同，也会因为事件发生的现场的不同而不同。当我们不能用固有的知识给出"标准答案"时，我们可以考虑的是让孩子们拥有能照顾自己和坚信自己信念的能力，运用资源帮助自己克服困难。这种把资源当作辅助工具的做法，是智慧和力量的展现，也是我们最安心地给予孩子的礼物——"我能学习，我能处理挑战"。

第五，性哲学与价值观。

我想关注网络色情影响的家长已经看过了很多新闻，听到了很多故事，或者亲身经历了不少挑战。面对这些问题，大家愁容满面，最期待的就是解决问题。不过，相信当我们谈论期待孩子未来拥有什么样的生活时，家长的期待绝不是只避免网络色情的危害，而是孩子未来可以成为有无限希望的人，拥有美好的人际关系，能照顾自己，关心他人，有责任感，学业优秀，工作努力，等等。我们真正关心的是，孩子未来可以成为怎样的人，拥有怎样的性哲学与价值观。而性哲学与价值观必然会跟前四项能力结合，深深影响着他们。

正是因为以这五项能力评估为参考，我才会对丽莎说，小志是个很厉害的孩子。我根据对小志一天的学习的观察，形成了一个简单的评估：

依附能力：丽莎和小志的亲子关系是融洽的，可见他们具有良好的依附关系。尤其在小志的提问和回复中，可看到小志的性人格自尊："我的性值得被我爱，我也对我的性负责任。"虽然妈妈有点焦虑和紧张，但孩子不仅没受影响，反而答应妈妈来上课，安抚妈妈的情绪。同时，他也可以被相关资源支撑，无论是寻找书籍学习还是信任老师，都能发现他坚定且愿意接受支持。

情绪能力：在混龄的陌生班级中，小志能安顿好自己的情绪。对于困惑之处，他也不害羞，直接向老师提出疑问。在后续的沟通中，他也坦陈感知到母亲的担心，选择了他觉得可用的安抚方式。小志不仅能够在价值观压力下安顿自己，而且用自己的方式去安抚母亲。

人际能力：小志能根据情况采取适宜的人际互动方法。无论是在开课前简短地表达自己的状态、课堂中专注认真地学习，还是课后的坦诚回复，都可以看到他具备倾听、表达的能力，同时很有耐心。即使他已经提前知道了许多知识，也没有表现出不耐烦。

性议题处理能力（资源使用求助能力）：对于他感兴趣的自慰议题，除了寻找书籍学习，他还愿意面对老师，提出疑问。我想，他这样的议题处理能力，也是他学习优秀的原因之一吧。

人生哲学：小志与母亲的互动，以及他和我的互动，让我看到一个对性落落大方、自在轻松、能够照顾到他人的感受而建立合宜界限的孩子。他的人格脊椎骨架是健康的、有弹性的、可以被支撑的。

能力建构取向的性教育讲师／性咨询师就是在评估学生的性心理脊椎骨架的情况下，以性议题／性知识为媒介，帮助学生培养促进性自尊、划分情绪界限、人际沟通等能力，形成属于他们自己的人生观、哲学观。具备健康的、弹性的性心理人格脊椎骨架的人必将无惧性议题的挑战。

是生存还是发展？
让孩子拥有高质量的人生

王媛

带着"色情"议题进入亲子性咨询室的家长，常常带着羞耻的情绪。这羞耻不仅包含对色情的羞耻，同时也有着自己无能为力、没办法养育好孩子的羞愧与内疚。陈丽就是带着这样的感受，毫不停顿地足足跟我讲了20分钟：

老师，您知道吗？我感觉养这个孩子特别辛苦。从小到大，我把所有的精力都放在他身上了。小的时候，他一直尿床，我给愁的啊。他几乎每晚都尿，我天天洗床单。到了六七岁他这个毛病都没有好。好不容易熬到了小学。孩子上小学时很乖，就是成绩不好。到了再大一点，我没想到竟然发现他在看……唉，我不好说，心里好担心。他是那种不爱说话、闷闷的小孩。我很怕他看多了那样的东西，以后不会犯什么错吧？前段时间，我还在新闻里看到有个小孩，去偷邻居家小孩的内衣，我好怕……

陈丽连珠炮式的倾诉，让我有了非常熟悉的感觉。此刻，在妈妈看来，她的孩子身上全是问题：尿床、学业困难、偷看色情品……她焦虑担心的是，随着孩子生活环境的扩展，从家庭、学校再到未来的社会，如果这些问题得不到解决，孩子在不断面临个体发展困境后，有可能更加沮丧和无助，最后可能发生我们难以预测的状况。

面对这样的求助者，我太能感受到他们的无助与着急了。着急的他们，慌忙地不断向我讲述遭遇的困境，希望我能够分析出孩子的困境。这里的逻辑是：只要找到原因就可以解决问题。大家都想找到原因，想象着知道原因了就可以找到解决的方法。可多年的经验让我习得的是：如果只解决当前问题，那么在我们每一次救火之后，往往又会迎来新的、层出不穷的挑战。因为只要涉及心理领域，问题就变得复杂了，性更是如此。

在家庭性教育工作坊里，我会先邀请家长们一起头脑风暴：在孩子某个年龄阶段，大家听到的、看到的或者正在遭遇的孩子的性挑战。这个环节对家长没有挑战，很多问题被提出来了：摸小鸡鸡、夹腿、不爱穿内裤、不愿意清洗生殖器、老爱问有关性的话题、沉迷网络色情、分床挑战、说脏话、性侵……看到这些，家长们纷纷摇头，开始忧愁起来，不禁表示："怎么会有那么多问题？我们怎么才能让孩子生存下去？"

看似揪心的疑问，却显示出我们绝大多数家长对性教育的态度与认知。在他们看来，性教育不是预防就是救火，他们很难将性教育与人的发展紧密联系在一起。

这时候，我会稍微安抚一下家长的心情，再次邀请他们思考："如果我们期待孩子未来拥有幸福的生活，那么想象一下，拥有幸福生活的人，他应该具备怎样的能力？"听到这里，大家会稍微停顿一下，陆陆续续地指出拥有幸福生活的人所具备的能力。

在这里，我也把同样的问题抛给读者们：

你想让孩子成长为什么样的人？

你希望他们成年之后具备什么样的品质？

他们需要拥有哪些能力和品质，才能拥有幸福的生活，包括拥有良好的亲密关系和性？

当你思考良好的亲密关系和性的时候，也不妨再询问自己：

你有多少时间是在有意识地培养孩子的这个部分呢？

当我们从重视孩子的吃喝拉撒逐步转向关注他们未来的发展时，爱与性的功课是不是我们关注的一部分呢？

虽然你很可能跟大多数家长一样，希望能够帮助孩子充分发展，给予其爱与支持，但在性的层面上，你却很难有所突破。原因非常简单：在这个领域，我们和孩子一样无助，也从未想过，性教育绝不是解决问题的教育，而是促进一个人发展的教育。

再回到陈丽的故事。她的担忧不是毫无道理，看起来似乎不相干的养育困境——尿床、学业困难、偷看色情品——似乎没有关联，但很难说它们不会彼此产生影响。从系统的视角来看，不管是养育环境系统，还是学校社会系统，或是更广阔的网络系统，都潜在地影响着孩子。我们无法预防孩子会遇到的挑战，但我们却可以转换视角：那些让家长们奋力挣扎的"问题"时刻，正是我们可以教孩子获得发展能力的好时机。只要我们采取恰当的应对方式，"问题"时刻同样是"发展"时刻。

当孩子尿床的时候，也许我们可以从着急让他停止尿床、想解决他的"问题"，转变为让孩子理解自己的身体，对自己的身体控制能力有合宜的理解，由此接纳与认可自己，而非否定和怀疑。我们也可以在他一次又一次因自己无法控制身体而失败和沮丧时，帮助他建立应对消极情绪的能力。同样，我们也可以在这个部分帮助孩子坦然面对：即使我在某个地方跟他人不一样，或者自己以当下的能力做不到某件事，但我仍然相信自己是父母爱的孩子。

那么，也许当他遇到学业困境的时候，当他面对网络色情的诱惑时，就会有不一样的状态，对于自己是怎样的人，则会更笃定和自信。

"那我要怎么做呢？感觉我错失了许多机会，是我做得不够，才让我的孩子现在出现问题。"一时间，陈丽更加自责起来。

陈丽说这番话的状态，是我面对家长求助时，感觉到最困难的地方。父母的无助和焦虑会让他们在养育中失去方向，出现挑战后又陷入内疚和自责，在无助中失去耐心和勇气。

那些内疚的父母，其实是自认为没有能力。我想对他们说的是：请不要苛责自己。我们生下孩子就成为父母，但从未有人教过我们如何做父母。只有在孩子出生那一刻，我们才成为父母。我们也需要跟孩子一起，跌跌撞撞地开始培养各项养育的能力。当我们有这样的认知后，就会清楚地发现，疗愈自己和教育孩子同样重要。也因为有了这样的信念，我们才会和孩子一同学习、一同成长，让孩子在性发展历程中不再孤单。

要把"生存"变成"发展"，让我们的孩子拥有高质量的人生。

诚然，没有任何家长希望自己的孩子遇到人生的挑战，但即使我们再细心认真地照料，也无法让孩子规避所有的挑战。甚至，孩子会遇到应接不暇的挑战。要相信，每一个挑战都是一次很好的成长机会。我们储备养育的理论与知识，反思与觉察自己的情绪，学习新的人际沟通能力并学会运用资源帮助自己，且有疗愈的方法，能为自己找到专家和团体支持。当我们拥有这些能力之后，我们也会将其如实地传递给孩子，让他们具备这样的能力。

听到这里，坐在咨询室的陈丽稍稍有些安心了："起码我具备求助的能力。"

"是的，你得感谢自己。许多人面对性感到羞耻，都是回避的。但你愿意前来求助，就有机会让我陪伴你，支持你建立可以面对这些问题的能力。同时，你也可以在跟孩子的互动和处理问题的过程中，帮助孩子修复他所缺乏的能力。而他未来有能力应对的，绝不仅仅是网络色情的挑战。"

是支持还是限制？如何建立
弹性平衡的家庭教养模式

王媛

在过去，我接触到许多有心想要跟孩子讨论色情话题的家长。他们有的是"百科全书"式的，非常看重孩子的每一个问题。孩子一提问，他们就会很积极认真地查阅资料，解答孩子的疑问。也有的家长则是"支支吾吾"式的，面对这类冲击性的话题，无论是敏感的，还是有价值观判断的，或者一些跟性有关的负面词汇，都只会含糊其词，不知道如何回答。还有的家长是"掩耳盗铃"式的，明明孩子已经进入青春期，通过不同的渠道了解到了一些信息，他们仍然觉得孩子是"单纯"的，这些话题孩子不曾接触，也不感兴趣。直到突然有一天，他们发现孩子接触到他们意想不到的内容时，便立刻紧张起来。

虽然这些家长已经非常有意识地想要跟孩子们讨论色情

品，进行性教育，但无论是"百科全书"式的，还是"支支吾吾"式的或"掩耳盗铃"式的，这些家长都仅把性教育作为应急的事情，从来没有想到过，家庭教养模式对性教育会产生巨大的影响。

许多性教育书籍都会谈到，家庭的养育方式会影响孩子的成长，在性教育领域更是如此。我们在厘清家庭养育类型时，会对家长表现出来的养育风格进行划分，具体为两个方向：限制与支持。

"限制"是对孩子的行为设立高标准，让孩子清楚知道家长的要求和期待，让孩子懂得界限和规则。"支持"是接纳孩子的特质，聆听孩子的需求，积极参与孩子的生活，了解孩子的性发展，给予他们适合其性发展的知识，培养相关能力。

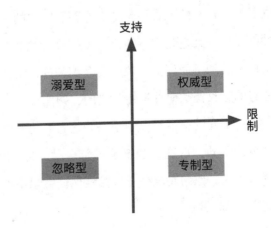

我根据限制与支持的程度不同，划分了四个象限，方便读者更好地理解象限中的四种养育风格。

第一种：高限制低支持的专制型养育风格。 在家庭中，家长对孩子处处限制，却没有提供任何支持。这类风格的家长与孩子基本上只有从上往下的单向沟通。家长对孩子有诸多的要求，他们强调管教孩子，对孩子有高期待，并按照自己的期望来控制和掌控孩子。同时，他们看不到孩子的感受和需求，缺乏爱的表达。这样的家长倾向于把自己的价值观灌输给孩子，很少尊重孩子或倾听孩子的想法和观点，甚至有时候会用贬低或者暴力的方式控制孩子。有的家长也会尝试学习一些家庭教育的技巧方法，但目的却是更巧妙地让孩子听从家长的规则。

第二种：高支持低限制的溺爱型养育风格。 家长对孩子高度支持，却没有任何的限制。这类风格的家长对孩子有求必应。家长与孩子之间单向沟通，更多的是家长满足孩子的需求。在这样的家庭里，孩子备受呵护。家长们认为给孩子提供足够的关爱和接纳，孩子就会自然成长。孩子只要按照自己的天性去成长就好了。这样的管教方式看起来对孩子都是鼓励和认可，在实际上却往往过度骄纵，任孩子以自我为中心，随心所欲。

第三种：低支持低限制的忽略型养育风格。 家长对孩子既无支持也无限制。这类风格的家长对孩子的期许和关爱都很少，亲子关系淡漠。造成这种养育风格的原因多种多样，有的是家庭结构发生了变化，有的是父母关系存在问题，也有的是父母因为工作等原因把精力都倾注在其他事务中，忽略了对孩子的照顾。在我们国家，有很多父母离开家乡，在外地工作，因此出现了许多留守儿童，他们就在这样的忽略型养育现状中长大。

第四种：高支持高限制的权威型养育风格。家长对孩子有高支持也有高限制。在高支持和高限制背后，是以尊重孩子的内心为基础，在孩子身上倾注爱与关心。他们对孩子有一定期许，在实际教养中，会积极倾听孩子的感受和需求，同时向孩子传递家庭的价值观，表达自己的感受和需求。在许多问题上，他们不仅会呈现自己的价值观，也愿意在与孩子观点不一致时，涵容协商，达成一致。

可如何理解拥有不同养育风格的家庭，在和孩子谈性、讨论网络色情话题时的表现呢？

我在"陪孩子一起面对网络色情挑战"工作坊中，曾邀请大家想象这样一个场景：一天，母亲意外发现，青春期的孩子在网络里偷偷搜索性词汇"乳房""性爱"等。接着，又邀请大家分组进入四个家庭中，这四个家庭分别是专制型家庭、溺爱型家庭、忽略型家庭、权威型家庭。那么，面对这件事，这四个家庭会呈现出什么结果呢？虽然大家一开始觉得有点困难，但最终还是列举了出来。

在专制型家庭中，父母会觉得羞耻和愤怒，会批评和指责，甚至会动手教育孩子。而孩子的反应则可能出现两种极端。一种是孩子被批评惩罚后，自尊心被贬低，比较容易有情绪问题。因为恐惧父母的惩罚，他们会采取顺从的态度，压抑自己的性本能，视青春期的探索为羞耻之事，同时对性的理解也充满了罪恶感。另一种是孩子被批评惩罚后，会逐渐叛逆，把自我价值建立在"反抗"父母上。父母禁止、限制的，他们反而想去尝试。在这种家庭中，无论哪种孩子，都会因为得不到父母的理解和支持，很早向外寻求情感支持。

在溺爱型家庭中，也许父母会觉得羞耻，担心孩子探索性可能带来的危害，但更倾向于满足孩子的需求。在父母看来，孩子的心情和需求是更重要的，性的探索是必然发生的，让他们顺其自然获得就好。父母因为怕孩子过度探索可能会稍微说几句，却不会限制他们。这类家庭的孩子以自我为中心。他们对自我感觉良好，但容易意气用事和冲动。这类孩子会更看重自我的需求，因为在家庭中都是以他的需求为主，所以延伸到外在环境，外界以他的需求为主也是理所应当的事。当他们面临生命中的性议题时，往往没有节制，凭自己的本能行事，无视规则。

在忽略型家庭中，一种情况是，父母无论在不在孩子身边，在生活照顾或者情感互动中，都是缺席的。他们很可能从未了解过孩子的性发展情况，即使通过偶然的机会发现，也不知道如何跟孩子沟通交流。这类孩子是最为辛苦和艰难的。没有人对他们有具体的期待，也没有人告知他们什么是界限。当孩子在性方面遇到挑战和困惑时，他们得不到应该有的支持和照顾。比如，因父母外出打工而留在家乡的留守儿童，不仅在生活照顾方面被忽视，在情感需求和性教育保护方面也是被忽视的。这些无法被照顾和保护的孩子，也更容易成为被伤害的对象。另一种情况是，虽然父母关注孩子的成长，但性却是禁忌，绝不会提及。在这样的家庭中，当父母撞见孩子探索性时，是非常慌乱紧张的。即使他们想跟孩子沟通，但苦于之前从未有过任何的支持，也完全不知道该如何做。但我们可以想象，在这样的环境下，如果孩子接触到网络色情，会是怎样的感觉和想法？如果他遇到困惑会求助吗？他有多大的可能会向绝口不提性的父母求助呢？

最后是看起来完美的权威型家庭，父母在性教育上支持，同时也会有要求和限制。我们可以猜测，父母会很明确地表达自己对网络色情的态度，但不会因此觉得孩子的行为是羞耻的，也不会让孩子觉得自己很糟糕。相反，他们会因此思考，在之前的性教育中有哪些缺失。当孩子有了这样的探索后，家长应该如何在维持关心和给予支持的前提下，给予他们更好的帮助。

权威型家庭中的父母面对孩子性挑战的态度与方法，几乎在其他养育领域里都有积极的呈现。的确，一次又一次的研究发现，当孩子受到父母的疼爱和尊重，同时学会如何遵守规则和界限时，他们会更擅长处理人际关系。因为父母的关爱、社会系统的认可，会让孩子觉得自己是"好"的，从而强化他们自爱的能力。因此，我们可以推测这些自尊心强、善于处理冲突的孩子，在爱与性方面，处理得也会较为妥当。尤其是父母并不躲避跟孩子谈论性，让孩子会更谨慎负责地看待性，也会有实际可行的自我保护能力。

在高支持、高限制的养育家庭中，家长们对性议题的处理常常会感到困惑，其中网络色情尤其具有冲击性。他们往往会提出这样的困惑："我感觉自己的养育风格是权威型的，我们也有持续地跟孩子进行性教育。可是，没想到我们支持了他，还是发现他接触了色情。是我们讲得不对吗？还是因为我们跟他做了性教育，他反而产生好奇了呢？我们是限制得不够吗？"

这确实是高支持高限制的权威型家庭面临孩子接触色情挑战时所遭遇的困惑之一。家长的疑问反映了这样的一个观点：如果我支持孩子，给孩子做性教育，并且限制孩子，跟他说明家庭价值观，孩子理所应当会远离网络色情。一旦孩子并没有这样的表现，家长就开始怀疑起自己的养育方式了，甚至也会质疑自己和孩子。

其实，我们所指的权威型家庭养育方式，并不是指非此即彼的极端组合，而是我们需要就具体的议题，在家庭中整合支持与限制。权威型家庭养育，不是为了让孩子们永远隔绝"网络色情"的诱惑，而是在我们的孩子接触到网络色情之前，他们已有良好的身心准备。他们知道自己此刻遇到了什么，身体感官受到怎样的冲击。他们会选择良好的处理方式，而不会焦虑与自责。

在我的儿子小学 6 年级时，他曾经带着难堪的表情转给我一个动漫视频。这个视频乍一看很普通，看到最后却是动漫人物脱光衣服的场景。他解释说，他看到班级某个同学在看手机时表情很暧昧，于是他好奇地询问对方在看什么。对方也不回答，只是故作神秘地给他发了这段视频。

我问他："看到后，你是不是感到很惊讶？不仅是因为这个内容冲击，还因为这是班级同学传播的。"（他从我的儿童课里知道，传播这样的信息是错误的，甚至是犯法的行为。）他点头。"你感觉到有些紧张，毕竟突然看到这些画面，还是有些冲击的。"他继续点点头。"妈妈上课曾说过，不管是紧张、好奇、恶心还是难受，这些感觉都是正常的。那你会担心吗？你会担心自己忍不住再看，或者担心那位传播视频的同学？"听到这个问题后，他抬眼看着我："我知道该怎么处理了。刚一看到时，我确实有些不舒服，也在犹豫是否要提醒这位同学。"对话到这里就结束了。在我与儿子之间的交流中，这类谈话显得平常又自然。虽然表面上看来并未产生什么具体的结果，但亲子间的相互支持与约束，却让我们在谈论这类话题时从容不迫，坦然自若。

无论是亲子养育还是谈性，家长们都需要像一艘船沿着河流中央行驶一样：有弹性、协调、从容。家长们既要让孩子看到父母对这个议题的关注，对他的关心，同时也接纳孩子对性的好奇与探索，让孩子在青春期逐步建构成熟个性，与家人朋友建立有意义的关系，学习良好地表达。接触色情，并非单纯的对错之争，而是孩子需要在探索爱与性的过程中，学会如何在保持健康自我的同时，尊重社会规则和界限。

高度的期许、大量的支持、严密的监督和亲密的关系，这些听起来就像传统的管教方式。若说它们有何出人意料之处，大概就是这些看似平凡的方式，对孩子的性行为具有一定的影响力吧。

　　——贾斯汀·理查森、马克·查斯特，《不怕小孩问：写给父母的亲子性教育指南》
　　（Justin Richardson, Mark Schuster. *Everything You Never Wanted Your Kids to Know About Sex*）

第三章

自我蓄能，在孩子的
成长阶段发挥影响力

知己知彼：如何了解自我的性价值观

王媛

　　关于如何认识网络色情，成年人似乎有着各异的观点。这些观点跟年龄有关，如果我们向少年、青年人、中年人、老年人询问"如何看待网络色情"，他们的看法应该各不相同。这些观点也跟性别有关，男女看待色情的视角大多有区别，这些观点甚至有时候跟身份有关。记得一位爸爸曾向我感慨道："我年轻的时候觉得，男人嘛，看一看也没啥问题。没想到，我的孩子才几岁就接触到这些东西，我突然紧张起来。"

　　是的，不仅是年龄，还有性别、身份差异，加上每个人的体验与经历不同，不同人对"色情"的理解与认识也各不相同，更别说是否给孩子进行"网络色情"教育的态度了。在前文，我曾经谈到在一场有关网络色情的家长讲座上，家长们对是否给孩子做讲座爆发了激烈的争论。面对这样的情况，我并不意外。成人对网络色情纠结不清、含糊不明的态度背后，实际上是对色情不同的理解和价值观。而这些理解和价值观正是家长们决定是否讲或者怎么讲的最关键的要素。因此，我们在跟孩子谈及网络色情前，重要的准备步骤自然就包含：厘清自我的性价值观，以及去了解他人的性价值观。

无论是在 0～12 岁孩子的家庭性教育工作坊，还是在 10～18 岁孩子的家庭性教育工作坊，我总会留出一点时间让大家回忆在各自的生命历程中有关性或者性教育的故事。在这许多的故事中，有些也会掺杂着有关色情的记忆。

有的故事，记忆里掺杂着厌恶和矛盾。沙丽（化名）自述她接触色情的记忆是很糟糕的。沙丽生活在一个非常刻板的家庭。她的爸爸严厉且控制欲强，从不会跟孩子聊与爱情或者性有关的事。即使遇到有关性的场景，他也总是羞辱和贬低。记得有一次，全家人一起看电视，电视里突然一晃而过一个亲吻的镜头。爸爸哼了一声，厌恶地说："这就是两只狗在打架。"因为爸爸的态度，沙丽一直觉得性是羞耻和恶心的。而当沙丽长大到青春期时，她一方面为自己的身体变化而困窘着，一方面为自己居然对异性产生懵懂的情愫感到羞耻和恐惧。直到有一天，她意外地在家里的米缸里发现了被爸爸藏起来的一本黄色书籍。"我的世界坍塌了！"沙丽说，"我没想到那么厌恶谈情说爱的父亲居然会看这样的书。

这一下，我完全看透了成人的世界。他们当着人一套，背着人又是另一套，真是虚伪。直到现在，我一想到色情，仍然会觉得非常不舒服。"

也有的故事有着不可言喻的尴尬。青兰（化名）谈到她第一次接触色情，是家属院里邻居哥哥借给她的武侠小说。"哎呀，那时候我们也没什么娱乐，最幸福的莫过于去书店租小说看。咱们那时候也没啥零花钱，又不能老向父母要。为了省钱，大家会互相借书看。有一次，我找邻居哥哥借一本武侠小说。刚开始他还推三阻四，后来被我苦苦央求，实在没办法了，才借给我。我现在都还清晰记得他借书给我的时候，神情有点怪。直到我看到书中某页的时候，才恍然大悟。哎呀！把我给尴尬得啊。不过呢，我还是脸红心跳地把整本小说看完了，也还给那位哥哥了。不过，从那以后，我再也没有找过他借书看了。"当我向她询问，经历过这件事，她怎么看色情，怎么看这位邻居哥哥时，她大大咧咧地说："我看了，当然觉得紧张了，可能还有点兴奋吧。哎哟，我不明白这位哥哥为啥把书借给我。好像他也没啥坏心眼，我们后来也没啥接触了。不过呢，第一次接触色情，就像是被人撞见自己干坏事了一样，反正就是尴尬。"

有的故事充满了戏剧性。在一次工作坊中，一个爸爸分享了他们班级的故事。路彬（化名）在读高中时，他们班的同学大多比他年龄大，有的已经成年了，也交了女朋友。20

世纪 90 年代，城市里有一阵非常流行去录像厅看录像。班级里的几个同学特别喜欢去录像厅看影碟。那时候录像厅里为了吸引人，常常会放一些色情片。没想到，有一次派出所查录像厅，当时他和几个同学正好在现场，被抓到了派出所里，惊动了他们的父母。警察考虑到他们是高中生，最后让父母担保，写了保证书便放他们离开了。听完这个故事，我好奇地问："这件事对你们产生了什么影响？"在我看来，高中生进派出所可不是一件小事，不管是在学校还是在家庭里，估计他们会面临一阵"腥风血雨"吧。没想到路彬呵呵一笑说："唯一的影响就是，现在我们高中同学聚会，他们准会聊这件事。大家都兴奋不已，绘声绘色地描述当时的场景。"看来，这件事，对于当时还是高中生的他们来说，是一场刺激的冒险和友谊的证明。

当大家纷纷讲述所回忆的故事后，我都会提出这样的问题：

"当时的你，是如何理解发生的这些事的？"

"当时的你对这些事的理解，是否影响到你对这些议题的态度？"

"现在，你对这些事的态度，发生了变化吗？为什么？"

"现在，我们为什么要回忆和理解这些事？"

一连串问题问下来，大家不约而同地从讲述故事的状态中安静下来，陷入了思考。有的人表达道："我今天才发现，以前发生的事情这样影响着我。我从来没有仔细地思考过。"也有的人说："我发现自己之前的认知有很多的误区，从来不敢跟他人谈论这些议题，更不知道是对是错，只觉得应该是秘密。"还有的人感慨："原来不仅个人的经历影响着我们对网络色情的态度，我们的父母也深深影响着我们。"

一个孩子不仅仅是一个孩子，其背后总是会有 ·个家庭。这个家庭的成员做了怎样的行为，会影响到孩子对性的感知和理解。除此之外，孩子成长的环境、朋友、媒体等，也会对他们有影响。当然，不同的人面对不同的情境会有相异的感受和想法。在家庭性教育工作坊中，有很多练习，我会提供各种场景，让家长们进行价值观练习。其目的，就是让家长们看到，不同的家庭可能会产生不同的价值观，而这些价值观势必影响着成长中的孩子。这个影响并不是说家庭性价值观对孩子认知性一定会产生正向影响。它具有随机性，也会相互影响。

就像前文讲述的三个故事里，爸爸对性表里不一的态度，让孩子对性厌恶和矛盾；同伴间心照不宣地接触色情，体现了孩子对性的羞耻和尴尬；而一场群体的遭遇，竟然可以成为冒险和友谊的连结。

这就是价值观的呈现，同样是面对色情议题，在三个不同的体验经历中，家长们有着完全不同的感受与理解。而这，恰恰就是我们与孩子谈色情甚至谈性时会遇到的最大的冲突点。在因青少年性议题而找到我求助的青少年和家长中，大多数都处于性价值观对立而造成的冲突撕裂的状态。我常常非常遗憾地想："如果在家长们着手面对孩子们的性议题之前，愿意跟我讨论，让我可以帮助他们厘清自己的价值观就好了。"

那价值观到底是什么呢？它那么抽象，让普通人听起来就觉得难以理解。

在这里，我分享我的导师吕嘉惠性谘商师给出的解释：

价值观是人看待事物的观点，而这个观点受文化、社会和家庭影响。

价值观这个观点是行为准则，由我们个人经验、家庭教育、文化差异、社会影响、当时的状态等确定而成。

价值观是以个人的思想为依据的，也意味着价值观是主观的、个人的。

因此，价值观是由自我书写而成的。

对自我价值观的探索和厘清，不仅仅是为了更好地了解自己，还要让我们开辟多元视角。我们会好奇家庭中的他人，也许他们有的相同，有的相异。就像在工作坊中，当大家谈到生活的不同年代、不同的家庭环境甚至不同的地域时，那些不同经历体验中对性议题的认知和观点，很多时候不会产生冲突，反而会引发大家的思考和共鸣。因此，当我们以较为清晰的性价值观，再去看青春期的孩子时，自然就会多了一分知觉：原来，他们已经在自己的生命历程中，不知不觉中慢慢形成了属于自己的性价值观。

所以，回顾自己原生家庭中的性价值观，有助于更好地看自己。与此同时，在跟伴侣的沟通中，你也可以了解对方的性价值观。除了双方可以更好地思考以双方为主组成的家庭对性的看法外，更重要的是，可以有意识地给孩子呈现家庭中的性价值观。而父母的性价值观即使不完全统一，也不会全是冲突。

孩子的性发展也有青春期，这是一个他们摸索自我性发展模式的重要时期。在这个时期，父母的养育任务是，除了培养孩子拥有自力更生的能力，还需要培养他们面对爱与性的能力。那么对于网络色情这个绝不容忽视的话题，家庭持怎样的态度也是非常重要的。

如果父母无法在性价值观冲击下设限、拥有涵容能力，面对很快就会有更多独立意识、会更快获得性信息的青少年，必然会出现手足无措、不知如何应对的状态。相反，假设我们针对这些问题，认真坦然地去追踪面对它们时呈现的情绪因何而来，看到这些问题在社会文化中也同样发生着变化，就会多一分淡定和自觉，也就能在厘清家庭性价值观的基础上，给予孩子更好的支持。

那我们如何厘清自己的性价值观呢？可以通过几个方向来努力。

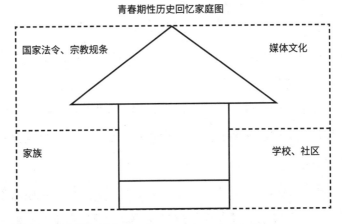

青春期性历史回忆家庭图

注：吕嘉惠版权所有。

上图是一张自我完成青春期性历史回忆家庭图。这张图由来自我国台湾地区的性谘商师吕嘉惠老师设计，我稍微做了改动。我希望这张图可以帮助我们看到影响性价值观产生的各项要素。

左上角：国家法令、宗教规条。这是在我们的记忆中，与国家法令、宗教规条相关的内容。例如，在对色情的认知中，哪些部分涉及国家法令和宗教规条？我们是如何知道的？我们是在什么样的情境下知道的？我们当时的感受和想法为何？

右上角：媒体文化。这里的媒体包括书籍、音乐、电视、电影、网络等各种各样的媒体。人们对这些媒体传播的信息的态度如何？随着时代的发展，媒体文化是否产生了变化？如果有变化，是什么变化？为什么会发生这些变化？

左下角：家族。我们的家族是否谈论过这个话题？家族或者家庭成员在过往是否有过相关的事件？如果有，是在哪些方面？影响是什么？

右下角：学校、社区。过去，我们在生活的环境（即学校和社区）中所接触到的色情信息是什么样的？这些信息的影响是什么？

家长们可以拿出来一点时间书写，尽量书写具体的事件，或者能在脑海里浮现的故事片段。这可以帮助家长们描绘一张属于自己的色情价值观地图。

这张青春期性历史回忆家庭图也同样适用于厘清其他性议题的价值观。而在探寻的过程中，属于你个人的性价值观就会逐步地清晰起来。

不急不躁：怎样做知"情"的父母

王媛

对大多数家长而言，能跟孩子谈性已经是非常有挑战性的事了，如果涉及色情，那就更困难了。关于如何跟儿童、青少年谈色情这个话题，也是坊间许多性教育工作者非常重视的问题。大家各抒己见，提供了一些建议。我在这里稍微整理一下，大概有以下几个方向：

第一，从色情与艺术品的区别入手。这是从裸体的角度切入来聊色情，希望通过色情和艺术的对比，提升孩子的辨别力，让他们提高对裸体艺术的鉴赏能力，从而增加对裸体色情的抵抗力。同时，这也能减少他们不必要的好奇与探索。

第二，从色情不是学习"性"的正确方式入手。不从性价值观判断的角度，而是从色情无法向人们提供正确的性知识的视角聊色情。告诉孩子色情与现实层面的性的差别，让他们知道正确的性，避免受色情品所呈现的行为的影响。

第三，从色情追逐利益的角度入手。提醒孩子，网络色情通过夸张猎奇的信息吸引人们点击或者购买，最终的目的是获得金钱利益，是危险的陷阱。希望孩子们能谨慎小心，避免受到伤害。

第四，从国家法律法规的角度入手。告诉孩子，在我们国家，制作和传播色情品是违法的，尤其针对未成年人的色情传播，是法律明文禁止的，让孩子们提高警惕。

这些视角都是非常中肯的，对于家长们担心孩子接触色情的议题，从概念区别到为什么要避免色情等多个角度来支持家长。可是，面对呼啸而来的网络色情，无助的家长阵脚大乱，即使是对这个议题有所准备的人，一旦涉及的是孩子，尤其是自己的孩子，一时间也会手足无措。

而我自己，就亲身经历了这样的冲击。

那时候，我的儿子刚上五年级。有一天，他拿着电话手表向我询问"龌龊之徒"这个词的意思。我随手拿过他的电话手表，却看到小小的屏幕里，在这个"龌龊之徒"的账号下面，全是淫词秽语，并且还有些暧昧不明的言语。突然间，我的大脑"嗡"的一下，似乎停止运作了。稍停一会儿后，我才意识到自己又惊又急，强压了语气，急切地询问孩子："这个'龌龊之徒'是怎么出现在你的手表通讯录里的？"孩子看到我的急躁，也跟着紧张起来，连忙解释说，这个手表通讯录的账号名称经常会改变，他也不知道是谁，又不理解这些意思，所以向我询问。

这时候，我才意识到自己的急躁已经影响到孩子，赶紧停下来，细细地觉察自己。我进入性教育领域多年，对这类文字、图片、视频并不陌生，可当我发现孩子接触了这些信息，仍然会感到愤怒和着急。而在我情绪稳定下来后，我又发现，原来在这些情绪的背后，还有一丝丝的无助。

也正是这次的经历，我能深切体会到所有遭遇这个挑战的父母的感受——有些沮丧，也有些慌乱。在那一刻，我很难从容地以一个性教育讲师的角度跟孩子谈性。那一刻，我全然是一个焦虑、紧张、沮丧的母亲。

现实的遭遇也让我意识到，家长们难以跟孩子谈性，往往是因为：我们是父母，我们和孩子彼此亲近，却从未谈论这样隐秘的话题。只有意识到这一点，我们才能清楚地明白父母跟孩子谈色情的难点：第一，是情绪的冲击。绝大部分父母不会提前跟孩子沟通这个话题，除非是孩子主动询问或者遭遇到挑战。第二，是色情的概念。当父母决定跟孩子沟通时，如何清晰地、拿捏好尺度地跟孩子沟通这个话题，又成为第二个拦路虎。

色情议题的复杂性，往往源于性价值观。性价值观无法通过评判、灌输的方式进入人的大脑。它在引起人们的各种感受的同时，也会让我们否定自己的感受与自身。教育者往往也会因为困难、焦虑和恐惧冲动行动，而这种方式无法真正进入孩子的内心。有时候，这样的行为在孩子眼里又会是批评和指责性的。如果家长期待孩子能坦然自若地应对性话题，既不紧张焦虑，又界限明晰，那么沟通的时候，父母的状态恰恰是最好的示范。

因此，我的建议是：不慌不忙，做知"情"的父母。

这里的知"情"，首先是了解自己的情绪状况，觉知自己的状态。这个部分，我将会在下一章详细跟大家说明。

这里的知"情"，同样是自我整理对"色情"概念的认识，即知道如何向孩子解释什么是色情。"色情"这个名词带有性的意涵，让我们很难直接去求助网络或者词典。例如，百度如此解释色情：能够引起、挑起或引发色欲、情欲、性欲、淫语的。这样的文字解释，让我们又陷入新的困境：什么是色欲、情欲、性欲呢？对于进入青春期的孩子来说，对这些可能还会勉强有所感知，但换了是青春期前期或者更小的孩子，理解起来恐怕难度就更大了。更别提让家长们向天真无邪的孩子清晰地解释这些欲望，不仅困难，还会有些许难堪。

有的书籍推荐的解释是：色情作品是人们穿得很少或者没有穿衣服拍摄的图片、视频或者卡通作品。这些解释看起来明晰，但接下来我们恐怕要再进一步解释并不是所有的裸体都是色情。这也是为什么许多性教育书籍会专门讨论艺术作品和色情品的区别。但在艺术作品中，什么样的裸体作品有可能有情色的意涵，有时也是充满争议的。

而现实的情况则是，色情品不限于图片、视频，它的载体呈现多样化，例如文字（包括色情小说、信箱广告）、图片（包括写真、裸照、自拍、漫画）、声音（色情电话或者语音）、视频（色情视频或者电影）、动画（成人动画片）、物品（色情用品），还有一些软性色情以及前几年在儿童动画中出现的邪典动漫，等等。这些不同的信息呈现方式，会造成不同的刺激效果，影响程度也不同。因此，我们也会这样解释色情：与性相关、以刺激性欲为主要目的、呈现不健康的人际角色关系的信息。

从某个角度来看，色情信息是一种只强调亲密关系中激情层面上的商品，而完全忽略人际关系中更重要的"爱"与"承诺"的层面。

这是我们整理的有关"色情"的概念。但如果对我们的孩子这样解释的话，估计他们很难理解。就像家长们提出的疑问："我的孩子年龄小，这样的解释他们能听懂吗？会不会似懂非懂，反而产生好奇，去接触这些信息呢？"

接下来，就是第三个知"情"，即了解当时的情景，了解孩子的现场状况。如果家长发现孩子已经接触了色情，我想就不存在因为父母向孩子解释色情反而让孩子接触色情的情况，因为孩子已经接触到了呀，反倒是我们发现了却当作不知道。孩子认为父母不知道或者没反应，才有可能依据自己的感觉去探索。如果孩子之前没有接触色情，是否刻意去聊这个话题呢？近十年，我在全国各地几十个省市给儿童上课，无论是 1 ～ 3 年级还是 4 ～ 6 年级的儿童课程，当我谈到色情话题时，绝大多数孩子都会有所反应，只有极少数 1 ～ 3 年级孩子表示没有接触过。可见，即使孩子当下没有接触过，也并不表示他们在未来不会接触到。毕竟他们不是生活在真空里，而在这样的大环境下，了解或者认知这些的可能性相比以前也大大增加了。

那我们怎么顺利让孩子理解"色情"这个概念呢？

我在课堂里通常会以故事的方式引出话题："某一天，你在电脑或者手机上面，看到一个图片或者视频……"通常到这里，孩子们都会不约而同地说"哎呀，少儿不宜"或者说"这就是黄色"，还有的会直接点明"这是色情图片 / 视频"。

接下来，我们可以再用问问题的方式进一步去确认孩子们是否真正知道色情是什么。

"什么是少儿不宜？"

"黄色是什么？是红黄蓝里的黄色吗？"

"色情又是什么？"

"没穿衣服的身体，就是不好的吗？"

我们可以借由这些问题，让孩子从想当然中，渐渐地思考：到底是什么让我们一看到就知道它是属于以上所说的不好的东西呢？

最后，我通常会做一段说明："曾经有一个美国大法官斯图尔特在如何界定'淫秽'时说过这样一段话：我不想费力去给它们下什么定义。不过只要我看见了，我就知道是不是色情。这其实表达了色情很重要的特征，即它是可以唤起我们感觉的一个东西。"

所以，如何能帮助不同年龄段的孩子真正捕捉到色情的信息，不仅需要了解承载的形式，更重要的是帮助孩子敏锐地觉察自己的感觉，能感知和厘清自己的情绪。

再回到之前儿子拿着手表询问我的事，在跟他谈话两周后，我整理了自己的情绪，主动跟他沟通了这件事。我首先询问了他当时询问的感受和想法，确认我匆忙的回答有没有让他产生困惑和担心。其次，我也向他解释了为什么当时我的反应会急躁。这不是因为孩子的行为让我认为有问题或者困扰，而是我第一时间感到愤怒和担心。愤怒是因为这样的内容不应该出现在小学生的手表通讯录里。担心的是如果账号是个小孩的，我会担心那个小孩遇到了什么状况，不明白尊重他人的界限；但如果账号是个成人的，在儿童电话手表里发布这样的信息，显然是伤害性的。

因为之前我跟儿子聊过色情的话题，所以我们并没有就内容是什么做过多的讨论，重点从这件事的规范以及伤害的角度讨论。在对话中，我以孩子的谈话意愿为主，解释了我当时的反应，同时也表达了我的紧张和担心。

父母要觉察自己的情绪，储备色情议题知识，依据现场情境沟通。当我们面对不同年龄的孩子、不同的状况时，也许我们没有一个"示范模版"来应对。但只要我们从紧张和急躁中平静下来，从自我性价值观入手，做好网络色情内容准备，关注孩子和自我的身体反应，就能成为知"情"的父母。

不慌不忙：如何轻松自在地与孩子交谈

王媛

有时候，我会突然接到家长们急切的求助。常常是他们发现孩子在电脑上浏览色情网页、搜索信息或者出现了一些让家长"又惊又怕"的事件。这些情况让家长们大为震惊，他们在电话里会紧张地向我提出一连串问题：

"他为什么要做这样的事？"

"我们给孩子做过性教育。他应该知道色情的危害，为什么他还要看？"

"这件事，我怎么跟他谈？"

所有因为这个问题前来咨询的家长，都有同样复杂的情绪：紧张、震惊、担心、焦虑。他们急切地向我求助。而此刻在电话另一端的我，却会刻意放慢语气。有时我会一点点询问以了解更多的信息，将我们的交流放慢，有时则会跟家长沟通延后交流，约定一个时间再谈。

为什么我会刻意引导家长在急躁中踩刹车？原因很简单，家长只有在"不慌不忙"的状态中，才能真正地开启跟孩子的交流。

与色情、性行为相关的话题，在家庭中，绝对是一个非常容易应激的话题。

正如前文谈到的，当我亲身经历儿子拿着电话手表向我询问"龌龊之徒"时，我的大脑里是一片空白，只有愤怒和急躁。幸运的是，那时候我已经受过相关的训练，能够迅速调整自己的情绪。这也让我意识到，绝大部分家长在面临这类问题时，应激是常态。

我这里分别以红色、黄色、绿色三种颜色来比喻家长当时遭遇的情绪历程。

当我们感觉到挑战时，往往是我们无法处理、情绪复杂的时候。在这种情况下，我们很可能急速进入红色警戒区，条件反射地去拒绝或者控制。尤其是面对未成年孩子，涉及性的话题，总是很容易激起家长们强烈的情绪。这时候，如果没有刻意调整情绪或者经过性脱敏训练，很容易凭本能重复自己原有的对性的应激状态，失去平衡，走向极端状态。如果这个时候稳定自己的情绪，觉察它，思考我们在这个事件中的感受和想法，由此去探索这些情绪是来自怎样的性价值观，就会让我们从红色警戒区走入黄色平静区——那里有让我们家长慢慢平静下来的力量。而后，我们才可以跟孩子一起进入绿色安全区，去谈论在我们看来可能具有"破坏性"的谈话。

色情概念以及内容，或者是在家长看来的异常性行为，是最容易激发家长焦虑、紧张、恐惧甚至愤怒的因素了。此刻，这些情绪无益于我们真正合宜地处理孩子们面对的困境。这也正是我们需要做的第一个准备：意识到自己正处于应激状态，找到合适的方式，慢慢调整自己的情绪，或者紧急暂停冷处理。

这是我面对家长求助时，协助他们做的第一件事。我会提示他们离开情绪张力大的现场，安抚他们的情绪，让家长们离开红色警戒区；其后，通过询问，通过了解家长叙述的事件，一边评估他们的性心理人格脊椎骨架情况，一边拓展他们的观察视角，让他们逐步进入黄色平静区。等待他们摆脱应激状态后，再进入绿色安全区谈话。

与孩子谈性，不同年龄的父母有不同的具体操作方式。但无论跟多大年龄的孩子沟通，都有一个首要的原则：

尊重感觉。尊重孩子的感觉，还有家长自身的感觉。

家庭教育专家简·尼尔森曾说："感觉好才能做得好。"这句话也同样适用于亲子之间进行性议题沟通。尤其是"色情"，这个在大众看来非常敏感和尖锐的话题，更加需要留意沟通者的感受。

我们知道，性方面的伤害，有时候并不需要直接作用在身体上。言语、画面等都可能会产生伤害，而伤害的程度往往也跟个体的感觉和反应有关。它的影响力很多时候取决于个体的价值观和感觉。一旦我们把跟孩子沟通与性相关的议题聚焦在是非对错或者健康正常上，不考虑个体的情绪感受，那么这个沟通就极有可能无效甚至具有破坏性。这也就是为什么我会常说："谈性不能在我们觉得是个问题的时候谈，而是在大家感觉良好的时刻，才会有益、有效。"

那什么时候才是谈性的时候呢？这一部分我将会在后文跟大家详细说明。我们先说谈性的时机。实际上，性教育什么时候开始都不晚。有的家长是之前没有意识，现在了解到了，那就可以随时开始；也有的家长觉得自己的孩子太小或者年龄太大，其实只要根据孩子的年龄来交流合适的内容，也不存在可不可以的问题。不过，如果家长发现孩子接触色情或者出现了某些事件时，我的建议是：即使不在事件发展当时就这个议题谈，家长也务必要有谈的想法和计划。

我看到很多家长在孩子发出信号后，虽然接收到了信息，也找我做咨询，但因为种种原因，最后不了了之，放弃了跟孩子沟通色情的话题。

这样的情况曾让我非常失落。也许家长是觉得孩子并没有受到什么影响，也许是家长觉得羞耻而难以开口，还有的家长并不认为这是教育所需要的投入。当孩子们发出信号后，家长们视若无睹的反应和鸵鸟的心态曾让我一度有些挫败感。作为性教育咨询老师，我经常看到养育中产生的一些伤和痛本来是很容易处理的，却因为家长的某些观念而错失良机，这让我难免会质疑和沮丧。不得不承认的是，"性"这个词有着复杂的背景：文化、种族、宗族、家庭的因素让我们充满了羞耻、无知，甚至会自暴自弃。这也是触发我想写专门针对网络色情议题的书的原因。

这个议题是我们家长绝对可以跟孩子聊的话题。

这个话题也是我们任何时候开始都不会晚的话题。

更重要的是，我们经过学习以后，与孩子开启这个话题不会破坏亲子关系，反而会与孩子建立非常良好积极的连结。

具体而言，谈性的指导步骤是：

一是准备好。需要准备好的人包括你和你的孩子。家长的准备就是这本书呈现的内容，家长体现自己的能力。孩子的准备就是在这个话题开始的时候，他的心情是放松的，不是紧张害怕的，也不是焦虑不安的。

二是创造一个事件，为的是更好地跟对方连结。在几年前，曾经有位家庭教育讲师向我求助。她发现女儿的闺蜜群里有色情视频，不知道该怎么办。当我仔细地了解了发生的情况后，我对这位妈妈说："其实你已经做得非常好了。"这位家长虽然很生气，但她没有直接跟孩子聊这个话题。她为自己的反应感到困惑，所以第一时间求助我。更重要的是，在她决定找我之前，并没有立刻跟女儿沟通，反而是重启了跟孩子的特殊时光。她本意是想更多地了解孩子的情况，但在无意中创造了一个连结的事件，为未来她跟女儿沟通这件事创造了良好的氛围。

三是开放空间，营造谈性的氛围。卧室、客厅沙发，或者是一个安静的咖啡厅、奶茶店，这些地方，不仅是让人感觉舒服的地方，也会是让人舒服地谈性的地方。

四是时间，要有合适的时机、充裕的时间。通常我会建议家长们不要为了紧急处理事情才跟孩子沟通。时机的选择很重要。有的时候可以是随机的教育，有的时候也可以是我们的刻意准备。只要我们自己有信心、坦然面对，孩子自然也会被我们感染。

五是物，即需借助的媒介。这里不是指我们拿出所谓的证据要让孩子承认他做了什么，或者质问孩子为什么要做这样的事。这里的媒介只是可以帮助孩子们更好地理解色情的媒介。在这里推荐一本书《如何保护你的孩子远离网络色情》，它简单易懂，非常适合亲子共读。

六是确认孩子是否愿意。这里也区分两种情况。一种是生活中并没有发生什么事件，我们只是日常谈性。若孩子不愿意，尊重他的想法，暂时搁置，等到了合适的时机再谈。但如果家长认为非常有必要沟通，可以提前跟孩子说明沟通的内容，打消他心中的疑虑。

最后，在交谈过程中，有几项是我们需要特别留意的地方。

在沟通时，请务必留意听听孩子的观点，确认问题到底是什么，而不要假设和揣测。更多时候，仅听事实和言语是不够的，还需要体会孩子表达的情感。在很多时候，我们很希望去了解事件的真伪、是非曲直。我个人认为这样做容易把谈色情变成争辩对错的价值观对立。如果是价值观的不同，我们就去呈现它。如果是来自性唤醒，我们则需要针对欲望和界限这两个维度来沟通。更重要的是，我们在沟通时，应帮助孩子洞悉他们想要表达的情感，以及也许他们自己都没有意识到的情绪压力。在沟通的内容方面，尤其是涉及色情的内容，我们也要及时地帮助他们澄清错误的信息，并给出正确的信息。

不要担心呈现家庭的价值观。每个家庭都有自己的价值观，它无关是非，而代表一个家庭做事的态度。当然，我们呈现价值观，并不意味着要强迫孩子认同我们的价值观，而是有机会正面地呈现，鼓励孩子正面呈现，以及涵容接纳不同的意见。呈现价值观的背后，是作为父母更深层次的支持，让孩子知道我们了解到人会犯错误，尽管如此，父母还是爱孩子的。在人的一生中，要学习很多，包括什么是欲望、什么是界限、什么是错误。我们要学习如何在欲望和界限中平衡，还要遵守法律法规。这些不仅仅是价值观方面的内容，还是帮助青少年进入社会生存的能力之一。希望孩子们在遇到困境或者挑战时，能够找到父母支持他们，而不是自己慌乱地自我谴责或者一错再错。

谁人可依：怎样借助支持团体与环境资源

王媛

有时候，我的脑海里会蹦出这么几段话：

最应该求助的，往往是最不愿意求助的；

提前做准备的，往往是最没机会遇到挑战的；

能够知道自己需要支持的，往往是最能寻找到支持资源的。

为什么会有这么几点体会呢？我想这跟近几年我所接触的个案咨询有关系。

最应该求助的，往往是最不愿意求助的。

这里的最不"愿意"求助的，包括孩子，也包括家长。

我们知道，青春期的出现是大脑发生了健康且自然的改变。在这个阶段，孩子们不仅是身体发生了变化，他们同时也在进行同一性的探索，建构自我。与之有关联的，他们的记忆方式、思考方式、做决定的方式或者跟他人交往的方式也发生了改变。其中，最为明显的是，他们与师长的关系也发生了很大的变化。也许在以前，孩子乐于向父母提问或者向父母求助，但到了这个阶段，他们不太愿意向父母提问或求助了。这是孩子快速成长并日趋成熟的过程中会出现的普遍现象。

而在性议题，尤其在色情议题上，孩子们则表现得更为明显。表面上，有的家长认为色情这个议题只有孩子问，家长才可以回答；或者有的家长认为这个问题问孩子可能会违背孩子的意愿。如果现在家长们还持有这样的观点，我只能说："以前曾经问问题的孩子，青春期时大概率会减少向你提问；以前都不曾向你问问题的孩子，青春期时应该更不怎么会向你提问了。"原因在于，青少年不愿意向成人求助，这是他们在这个发展阶段的普遍现象。不求助他人，靠自己的力量去成长固然是一件积极的事，但因为不愿意求助而在困境中挣扎，妨碍健康成长的情况也广泛存在。

我曾在咨询室里听到过孩子们不同的表达，解释他们为什么不愿意求助。有个女孩说："我觉得如果遇到什么事情，大可以跟我的朋友聊。我感觉她们可以理解我、支持我。我并不觉得跟父母聊会有多大的帮助。包括在咨询室里，跟咨询师你聊，我也觉得没啥好说的。"孩子平静地表达，满脸不信任。也有的男孩自慰无法自控，被母亲发现后，仍拒绝求助。他说："没有人能真正帮我解决问题，除了我自己。"有的却是根本不知道自己到底发生了什么，只有满满的羞耻感。当家长提出要他做咨询时，孩子只是条件反射地怒斥："你是不是把我当作变态？"遇到这些情况，我想孩子们除了对性的羞耻，恐怕还有对自己是否能在没有评判的前提下得到支持充满了怀疑。

这也是在性咨询室里为青少年工作的最大难题：如何跟他们连结，让他们看到咨询师不是把他们当作问题，而是希望能给予他们支持、值得信任的人？这需要的不仅仅是时间和精力的投入，还需要真诚。

那发现自己孩子遭遇困境的家长呢？我常常听到这样的提问："老师，我的孩子这样的行为到底正不正常？"

这里的"正常"二字往往隐含两个问题。第一个："我的孩子是不是病了，他的身体或者精神是不是有问题？"第二个："我的孩子的行为是不是违背道德规范，是不是令人羞耻、让人鄙夷的行为？"但无论是哪个问题，在这个"正常"背后都隐藏着家长们的羞耻感。

林奕含的小说《房思琪的初恋乐园》中母亲说："性教

育是给那些需要性的人的。"拥有这样观念的人不在少数，而这样的逃避也自然地造成了亲子间的鸿沟。

2017年，我作为观察员参加了一个青少年性教育夏令营。当时有一位女孩让我很意外。她在营地里侃侃而谈，不像是来学习的，倒像是来教学的。休息时，我好奇地向她询问"为什么会参加这个性教育夏令营"。她说："我的父母是绝对不会给我做性教育的。父母不救我们，我们只有自救。"当这个女孩说出"救"这个字的时候，我非常惊讶，继续追问。她说到自己在高中时就做了自媒体推广性教育，经常会在公众号里收到未成年人的求助。她常常感到无力，所以想通过学习帮助更多的同龄人。当然，她也好奇地问我："你为什么要来参加这个夏令营？"我坦言，自己是一位母亲，因为在养育中遇到困境，逐渐成为一名家庭教育讲师。在教学过程中，我发现许多跟性有关的挑战，就开始学习性教育，后来也成为一名家庭性教育推广人。听我讲到这里，这个女孩兴奋地说："太好了，你可以让家长们知道，性教育到底是什么，而不会因此伤害自己的孩子。"我也向她反馈，向家长们推广性教育并不是一件容易的事。毕竟，家长们所面临的困境一点不比青少年的少。

这就是不愿意求助的家长们背后的原因：对性的羞耻感，不愿意面对挑战，把孩子性的呈现当作"问题"或者是"毛病"。更多的则是有心无力，虽然希望能为孩子们做点什么，但自己的相关能力不足，不知道也无法真正支持孩子。

　　虽然来参加性教育学习的家长，远远少于没有意识的家长，但我也有幸发现："提前做准备的，往往是最没机会遇到挑战的。"

　　曾有一位男孩子在上完儿童课后，跟母亲表达对色情图片的复杂感受。母亲找到我后，表达了她的担心和忧虑。在这样的情况下，她个人也做出了行动，参加了家长的性教育学习课程。她说："虽然我有意识让孩子根据他的年龄学习，但没想到事情会那么突然。看来我确实需要提前学习，在孩子需要的时候，随时给予他支持。"时隔八年，这个男孩子已经顺利地度过初中，进入高中。他的妈妈非常欣喜地跟我反馈：之前做的教育储备和与孩子建立的良好的亲子关系帮助她与孩子建立了轻松自在的谈性氛围。在家庭中，无论是恋爱，还是有关人生的思考，孩子都主动找到父母分享和沟通。有一刻，妈妈甚至有点失落地说："哎呀，我感觉自己精心练习的十八般武艺都没用到，好像孩子也没有遇到啥挑战。"

　　是的，对孩子可能遭遇的色情挑战提前准备，比临时遇到状况再处理会更轻松、更积极，能给孩子的支持力度也不言而喻。更重要的是，这类孩子知道自己是需要支持的，他们也是最能寻找到资源的。

当家长们需要支持时，找什么样的团体和资源靠谱呢？接下来，我将会从几个层面进行说明。

第一，知识理论方面的支持。遇到困惑时向书籍或者网络求助，这是网络时代的优势，也是这个时代解决问题的方法之一。但网络信息复杂，有关色情议题在网络上的信息要么是耸人听闻的新闻，要么是一些通过贩卖焦虑售卖的内容。如何在信息泛滥的网络世界中找到真正有价值观的知识、理论方面的内容呢？我的建议是：家长寻找成熟的、专业的相关书籍阅读。在选择书籍的时候，需要留意的是两个部分。首先是书籍的作者。他为什么要写这本书？他受过什么样的专业训练？他有丰富的教学和咨询的实践经验吗？其次是书籍的内容。是仅仅针对问题回答的方式，还是有理论系统和指导方法？就问题而回答问题，看起来直接满足了家长们的需求，但孤立地回答问题，没有情境背景支持就能得到解决方案，这样的教育也未免太过简单。实践中，家长们也会发现这不适合具体情况，实践有难度。

第二，专业可靠的性教育讲师和咨询师的支持。在家长们寻找专业的老师进行支持的时候，专业可靠是非常重要的考量因素。目前在我们国家，虽然越来越多的有志之士进入性教育领域，但专业且具有丰富经验的讲师和咨询师还是非常匮乏的。那我们如何甄选呢？就像我们选择书籍一样，我们选择性教育讲师和咨询师做支持时，一定不要吝啬向其提出这样的问题：为什么你会做性教育？了解讲师或咨询师的发心是我们寻找性价值观契合讲师的一个要素。

在讲授课程或接受咨询方面，他接受过什么样的专业训练吗？性教育是非常专业的一项教育，与教师或咨询师本人个体经验和受训经历息息相关。我曾经看到一些机构和组织为了能够推动个体参与性教育推广，不得不把课件内容标准化。其原因就是希望通过固定的内容来规避讲师个人能力的不足和经验的匮乏。作为性教育从业者，我能体会到这个做法的良苦用心，但照本宣科对讲师个人的成长是不利的。当然，如果讲师在这个过程中不断进行专业训练，我想他们也能达到传播性教育的要求。

第三，以你和伴侣为核心的家庭支持团体。有的家长会担心自己的伴侣不支持跟孩子谈论色情话题：担心对方对色情议题非常敏感，或者不以为然，认为没有必要跟孩子沟通。在许多家庭中，的确存在这样的价值观冲突。我觉得这个观点之争，本身就体现了讨论色情的困难点，即它受个体经验、认知等各方面的影响。我的建议是，碰到了这种情况，我们一定要有意识的是：这不是养育方法中非此即彼的事，更不是我优你劣的比较。父母切忌把对孩子的养育理念和实践变成竞争。我们不妨把分歧放在一边，听听对方反对的感受和理由。每个家庭都有自己的一套价值观，父母双方也有可能在某些问题上看法不一致。父母倾听彼此的感受和想法，讨论不同的见解，有时可以邀请孩子一起讨论如何处理这些差异，这本身就是一次很好的性教育示范。

第四，值得信任、被你认可的其他师长，请他们加入孩子的支持体系。作为经历过青春期的父母，我相信大家都会有这样的体验。即使生活在亲子关系良好的家庭氛围中，青少年还是会有事情不希望让父母知道，或者在某些情况下，暂时不愿意让父母了解。这并不代表孩子与父母之间失去连结，而是在此刻孩子们需要这样的空间。但如果在这个空间中遇到相关的困惑怎么办？这个时候，如果他们的身边有家长们值得信任、可靠的成年人能够给予及时的支持，无疑在孩子的护身符上又增加了能量。

在性的议题方面，遇到困惑寻找求助支持，对许多家庭来说都是非常困难的事，更别说"色情"这个议题，而这个议题恰恰就是家长们非常需要支持的部分。我们在以前的教学和咨询经验中看到：对此提前做准备的家庭，这方面的挑战会更少或者心态更从容，他们知道自己需要得到支持，也更能找到支持团体和相关的资源。总结起来，家长们的支持团体和相关资源包含四个层面：知识理论方面的支持；专业可靠的性教育讲师和咨询师的支持；以你和伴侣为核心的家庭支持团体；最后是值得信任、被你认可的其他师长。

参考书籍：贾斯汀·理查森，马克·查斯特．《不怕小孩问：写给父母的亲子性教育指南》，台湾：大辣出版股份有限公司，2008．

参考书籍：林奕含．房思琪的初恋乐园．北京：北京联合出版公司，2018．

家庭是两性因着爱的结合，性教育是为发扬人性、支持美满家庭生活，并对自己性行为负责任的教育。因此，性教育必须与家庭生活结合，并且从家庭开始。不论是从积极面的健全人格，或者是从消极面的避免受到错误资讯的伤害来看，父母为子女进行性教育可说是责无旁贷。

　　　　　　　　——晏涵文，《性、两性关系与性教育》

提前准备，面对网络色情
挑战轻松有料

全家总动员，携手制定预防计划

王囡

"老师，我很早就有给孩子做性教育的意识。孩子小时候，便给他读性教育绘本，也计划让孩子参加儿童性教育课程。但最近出来的新闻太可怕了，我发现网络色情这个事，我们还得特殊关注一下。虽然我们家还没遇到这样的情况，但我总觉得这事儿迟早会发生。有什么办法可以预防一下呢？"

以前，我常常接待的是发现孩子接触网络色情的家长，最近，许多前来咨询的家长是未雨绸缪。的确，如今上网课的情形越来越多，家长有这样的需求非常正常。特别是接触电子产品的孩子年龄越来越低，而接触到网络色情似乎是一件不可避免的事。

如何对网络色情做到提前预防，以最大限度降低色情信息对孩子认知和情绪的冲击，成为家长们和作为性教育工作者的我们的重点关注问题。

这一节，我们主要谈谈"预防"。不过，需要明确的是：预防的目的不是杜绝网络色情危机的发生（因为这基本上是不可能杜绝的），而是为了在危机发生时，家庭成员能一起更为妥善地应对。这就好比我们给孩子注入了一剂"疫苗"。在病毒侵袭身体前，先注射疫苗，让身体产生抗体。这个抗体不会对身体健康产生副作用。也许在刚开始，个体会有不适反应，但从长远来看，此举却极大地保护了身体健康。具体说来，就是我们在孩子成长过程中，建立预防计划，并在每个阶段顺利实施，帮助孩子减轻甚至消除网络色情的影响。

在正式讨论预防计划之前，需要明确在家庭中，我们预防网络色情的目标是什么。总结起来，大概有以下三个点：一是思考一些家庭解决方案来保证孩子的安全；二是在家庭中，为孩子提供一个舒适安全的谈性氛围，让他们能够自在地表达困惑；三是与孩子保持紧密的连结，以便孩子遇到危机时能够第一时间向父母求助。

基于以上目标，接下来我们将会提供一个预防网络色情危机的参考框架。但需要提醒家长们的是，在应用参考框架时，具体如何实施，需要考虑家庭情况和孩子的状态，毕竟每个家庭和孩子都不同。

第一，建立家庭网络使用规范，全家总动员。

曾有家长向我提问："我是否应该管控孩子的电子产品使用呢？"也有家长在碰到孩子通过手机搜索色情信息时，非常恼怒和自责："我买了手机，他就用来看这些东西。早知道，我就不该给他用手机！"从家长们的反应来看，这些问题似乎跟我们使用的媒体息息相关。家长们认为，如果我们晚一点让孩子们接触，可能就会避免这些危害了。我无法告诉家长，孩子是否应该使用手机等电子产品，或者什么时间可以使用。但互联网时代的孩童养育，一定会跟网络使用有联系。孩子们什么时候接触网络信息？我们需要给孩子建立怎样的网络使用规范？这恐怕是每个家庭都不能忽视的重要问题。

当然，预防并不是越早越好。毕竟没有人会疯狂到给没满月的宝宝注射百白破疫苗。新手父母们会得到一个小孩的疫苗本，孩子每个年龄阶段打什么疫苗，一目了然。网络色情的预防也同理。现在，我们将会给家长们一个清单，让家庭在预防网络色情危机时有理有据。

需要注意的是，要根据孩子的身心发育状态和电子产品使用状态来决定适当屏蔽色情信息。

当然，也因为是预防，所以有一个前提，即孩子尚未接触到真正意义上的网络色情。根据经验，一般此类孩子年龄尚小。而对低龄儿童家庭来说，适当地屏蔽色情信息确实是非常有效和必要的。不过每个家庭的互联网使用情况都不一样，我在这里从两个方向来帮助大家思考如何净化孩子的网络端口。

其一，从设备的角度。一是选择智慧路由器，可以对儿童上网设备的时长、社交、支付、游戏、视频等功能进行管理。二是对于父母使用的电脑，使用自带的"儿童模式"功能或者"家长控制"功能。三是目前大部分手机有儿童模式，而且在做持续优化，其中微软与苹果的优化最为全面，可以有效防止孩子沉迷于网络，屏蔽不良信息。至于安卓设备，开源系统让其无法保持统一的儿童模式，不同品牌产品的儿童模式良莠不齐，使用电脑桌面儿童模式软件又容易出现干预过度的问题。因此，父母们在为孩子购买手机时，一定要多问问儿童模式的相关信息。四是电话手表管控。近几年，电话手表作为孩子的安全联络工具被广泛使用。但随着产品的更新换代，我们发现，小小的电话手表增添了许多的功能，有拍照图片功能，有群聊功能，还有朋友圈展示、付费功能等，俨然一个微型手机。而这样的功能逐步完善的电话手表却给孩子们带来了新的隐忧。孩子们互拍照片传播，有的甚至涉及隐私；有的上传一些图片，发布在电话手表的朋友圈等。电话手表让很多父母没有戒心，认为都是小孩子们在联系，不会有不良信息传播，因而忽略了电话手表可能带来的不良信息。

其二，从家庭成员的角度。在家庭内部，父母要对自己严格要求，尽量不在孩子可见的范围内浏览色情品。父母若要浏览色情品，切记保持私密性，不能被孩子撞见。父母观看完毕后若要将色情作品保存好，一定要隐藏相应文件夹，及时清空播放器播放目录。浏览完色情网站之后，父母应立即删除历史记录。当然，最好的情况是，不要在孩子可能会使用的电脑上存储及浏览色情品，做到色情信息的物理隔离。另外，父母还需要提醒家庭中其他成员注意手机和电脑的使用。因为父母管控手机，孩子会找家中的爷爷奶奶等老人借用手机，结果孩子可能在手机里意外翻到色情品。

第二，父母成为孩子获得性知识的源头，讨论网络色情不缺席。

本书一直讨论的内容都聚焦在家庭性教育。性教育贯穿孩子成长发育的每个阶段，包括但不限于性别意识、生理卫生、生命的起源、预防性侵害等。只有为孩子们从小传授科学的性知识，才能让他们在遇到色情信息时，用系统训练的科学素养对这些信息作出判断，用良币驱逐劣币，并在第一时间告知他信任的大人。当孩子对与性有关的事情羞于启齿时，其实这增加了性作用于孩子身上的能量。但当孩子知道性是什么、色情信息是什么时，他们就能自如地与我们讨论自己看到了什么。对于色情信息，只要有了沟通，战斗就已经胜了一大半。

当父母用科学的知识来武装孩子的大脑，当父母跟随孩子成长，与孩子讨论健康的性和亲密关系到底是什么时，孩子便拥有了免遭色情信息和暴力关系戕害的金钟罩和铁布衫。当然，有些父母也会有这样的想法："网络这么发达，有那么多做性教育的机构、组织，交给他们就好了嘛，为何还要我亲自出面？"但我想说的是，性教育是贯穿孩子成长方方面面的系统工程。通过一两天的性教育课程可以让孩子学到相关知识，但这只是敲门砖。将这些知识内化、巩固、运用到生活中，需要家庭持续性的支撑。而且，当父母攻克了"网络色情"这个最难的课题，日后处理孩子遇到的很多问题就可以得心应手了。因为攻克"网络色情"课题的背后，是父母处理性议题能力的增长，是亲子关系的进一步密切。

大致总结一下：帮助孩子应对网络色情挑战，最有效的办法就是父母们要成为第一个与孩子谈论色情信息的人。因为孩子是天生感性的，所以当他们对性或者色情信息产生好奇心时，相对于求助网络或者朋友，与父母探讨这个问题显然是更安全的。事实上，父母可以支持和鼓励孩子对性乃至色情信息提出疑问。因为当孩子主动发问时，父母可以顺势而为、抓住机会，积极回应孩子的好奇，帮助孩子更加健康地度过这段脆弱易感的成长阶段。

最后，父母要提前教给孩子应对色情信息的方法。

通过上述努力，父母可以在很大程度上保护孩子，那么此时可以更进一步，教给孩子应对色情信息的方法。这样做的原因很简单：一方面，父母的精力和能力有限，无法时时刻刻保护孩子免遭网络色情信息的侵扰；另一方面，孩子总要独自面对这个世界，与其全方位保护，不如授之以渔，教给孩子一些保护自己的方法。当然，这也是一种赋能的处理方式。对于网络色情的处理，孩子可以采取以下方式：

（1）**告诉自己这是色情信息**。我们希望孩子具备判断色情信息的能力，这样才能帮助他们更好地处理发生在自己身上的网络色情事件。当然，首先要帮孩子定义什么是色情信息，这样他们才能清楚地判定遇到的哪些是色情品，从而坚定地拒绝它们，更好地处理它们。但由于孩子年龄较小，对于色情内容的描述需要慎重，所以可以从感受着手，做如下定义：色情品主要包含一些没有穿衣服的人的画面等信息；色情品可能让你感觉不舒服、尴尬或胃里翻江倒海，但也可能会让你觉得很兴奋，也许几种感觉交织在一起，可能会让你感觉很困惑。

（2）**闭上眼睛远离它**。当孩子在电子产品上识别到可疑的色情品时，告诉他们立刻闭上眼睛、停止观看，或者迅速关掉电子产品，并远离它。

（3）**立刻告诉信任的大人**。提醒孩子，当远离了色情品之后，需要立刻告诉信任的大人。大人在安抚好孩子的情绪后，可以多询问孩子相关信息。我们在书中讲了对于不同年龄阶段的孩子，家长应对的方式。家长要带着孩子一起开动脑筋寻找解决办法，让孩子觉得自己有个盟军，可以共同战胜敌人。当然，这里的大人建议是父母。

（4）**分散转移注意力**。色情信息对于人最大的影响在于人们很难忘记留在脑中的影像。孩子看到色情信息后，脑子里可能会时时闪现那些画面，所以我们要告诉孩子，尽量转移注意力，做一些平时喜欢做的事情，尽量做一些运动分散自己的注意力。当然，这里的操作需要注意方式方法，不建议对孩子说"不要去想那些画面"，因为这样说其实是强化了孩子脑中的色情影像。举个例子，"请不要想象一头大象"，那么听到这句话的人脑子里很自然地便出现了大象的画面。

（5）**让理性大脑做主**。可以为孩子讲解关于大脑的简单知识，大致如此：大脑主要分为感觉大脑和思考大脑两部分。感觉大脑是我们与生俱来的，它在我们生命成长的早年便发展完善，主要负责三个任务：维持生存、避免痛苦和追求愉悦。思考大脑的发育则缓慢得多，它通过多年的学习才能发展出来较为成熟的能力：帮助我们制定计划、权衡对错、学习明辨是非和控制我们的基本情绪及欲望。作为人类，我们既需要感觉大脑帮助我们满足生存的基本需求，也需要思考大脑帮助我们控制自己、防止自己无限追逐需求、满足欲望，两个大脑相互配合才能让我们更加健康快乐地生活。需要提醒的一点是，在我们成长的早期，思考大脑发育尚不完全，需要父母代孩子发挥一部分思考大脑的功能，如提醒孩子骑自行车要戴头盔、天冷要加衣。色情品是这样影响小孩的大脑的：在小孩尚不知"性"为何物时，色情品就激活了感觉大脑中的性部分，这就导致感觉大脑产生了困惑又强烈的好奇心来寻求更多的色情品。简单来说，我们的大脑认为"性"是一个重要的生存事件，而被色情信息感染的感觉大脑劫持了尚未发育完全的思考大脑，使得观看色情品极易成为一个失去控制的成瘾行为。这种成瘾行为如果不加以控制，常年累积的话，将会导致孩子的思考大脑发育受损，无法发展出适应性良好的行为及心理情绪状态，大大影响孩子的健康成长。用一句话总结就是：告诉孩子色情信息会损害他们的大脑发育，所以在遇到色情信息时要坚决抵制；要保护自己的大脑，做自己的成长小卫士。

以上三点，内容看起来不多，但实际操作起来是需要花费一些精力的，所以再提醒各位家长，不必求全责备。大家可以选择自己觉得比较好实施的措施，一点点开始这项预防计划。

每当有父母为了孩子上网安全焦虑不已前来咨询时，我都会在心里默默感慨，我们这一代父母实在是太难了。同时，我也会安慰自己：这就像唐僧取经，打怪越多，升级越快。所以从这个角度思考，身为21世纪的父母，也确实有了一条高效的、修成正果的捷径。希望我们一起，在成为父母的同时，成为更好的自己。

依据孩子的发展阶段，开启谈话

王媛

当家长们谈论跟孩子聊性教育话题，特别是色情议题时，他们常常会有这样的疑问："我什么时候可以跟孩子聊色情这个议题？"家长这个问题背后，其实有三个困惑：

第一，在没发现孩子接触色情的情况下，可以跟孩子聊色情吗？

第二，孩子多大年龄时可以与其聊色情？

第三，如果发现孩子接触到色情，选择什么样的时机谈比较好？

提到谈色情话题的时机问题，家长们常常会受到如下观点的影响：发现孩子接触色情就谈，没发现孩子接触就不谈。理由是家长担心谈了反倒让孩子对这个话题感兴趣，促使孩子去探索。

这个观点也曾是我在性教育课堂中遇到的一大挑战。一开始，我把解决问题的侧重点放在家庭，希望借由知识和方法的传递，让家长们在养育中遇到色情挑战时，可以根据自己孩子的情况来应对。但通过这几年的授课经验我发现，色情议题并不是我们认为等到孩子接触了才可以谈，而是我们必须把它作为常规性教育内容之一。因为这些内容，无论我们是否跟孩子沟通或者发现孩子接触，他们都会通过不同的信息渠道主动或者被动地接触。

以我个人的课程实践经验来看，在 5 年前，可能 50% 的 1～3 年级孩子曾经接触过色情，到现在，可能 80% 以上的孩子接触过；而 4～6 年级的孩子几乎都接触过与色情相关的信息。更麻烦的一点是，有时候孩子们接触的有可能是隐蔽性极强的软色情。这些现实状况，也让我坚定了要在课堂里跟孩子们沟通这个性议题的决心。

那孩子多大时可以正式与其开启这个话题的沟通呢？家长们凭本能就可以感知：与不同年龄阶段的孩子聊色情，内容和方式必然会不同。根据孩子的性发展和心智成长情况不同，谈及的内容也会有区别。比如：

如何向六七岁男孩解释，为什么他看到漂亮姐姐，生殖器会存在难受反应？

如何要求八九岁孩子，如果在网络中看到色情图片，需要关闭或者通知父母？

如何向即将进入青春期的孩子说明，色情信息是不良信息，可能会对他们有伤害？

如何提醒进入青春期、身体逐渐成熟中的青少年，当他们感觉到色情品占据了其生活，让其无法摆脱时，是需要专业支持的？

在这里，我把接触色情的年龄分为三个年龄阶段，供大家参考：

第一个年龄阶段：6～9岁。这个阶段的孩子对性有着纯真的好奇心。他们对性一无所知，因为种种渠道接触到网络色情。就像前文我曾经提到的一个9岁的男孩跟妈妈谈到，自己看到电脑网页里的图片，感到好奇刺激，忍不住想去点击，看看到底是什么东西。绝大多数孩子是出于自己的好奇和探索去面对色情的。有的孩子可能感觉到害怕就赶紧关掉网页，但也有的孩子则会点击进去不断探索。这是表面的行为，但其背后还会有种种感觉和情绪。如果家长从未跟孩子聊过性知识，孩子就很可能独自探索，不会把这件事告诉家长。

针对这样的孩子，我会推荐以"感知理解感受，科学满足好奇"的方式应对。就像我在 1～3 年级孩子课堂里谈到的：当我们偶然看到这样的图片和视频时，可能产生很多的感受：恶心、好奇、刺激、兴奋、紧张、恐惧等。产生这些感受都是正常的，因为这类图片和视频就是会唤起人们多种复杂的感受。我们往往也会因为这样而产生困惑或者不舒服的感觉，如果长期累积可能会伤害我们没有发育成熟的大脑。所以当我们看到后，第一时间是关掉这些信息，并把这些情况告诉父母。

同时，若父母知道或者发现自己的孩子接触到这类信息，也正是提醒父母，孩子需要通过正确的渠道（家长讲授相关知识或者孩子参加性教育课堂）去满足自己的好奇心，要认同和厘清孩子的感受，鼓励孩子拒绝色情行为。

第二个年龄阶段：10～12 岁。这个时期的孩子对性的信息更加敏锐，身体也因为逐步进入青春期而有唤起的感觉。他们已经接触到一些性信息。面对家长和学校的要求，他们开始有自己独立的想法。最近这几年，我频繁收到家长的求助，谈及孩子接触网络色情小说的事。家长们发现孩子喜欢阅读一些作品，里面含有大量的色情描写。面对孩子们的行为，家长们感到惊讶和羞耻。曾经有位家长如此说道："我不是像我们父母辈那样的老古板。但孩子那么小，才五六年级就接触到这样的东西。这会不会影响到孩子的品行？她的脑海里会不会长期都有这些情节？"接着，家长十分担心地说："我很想严厉禁止。但我感觉孩子快进入青春期了，非常叛逆，很可能不会听我的，怎么办？"

针对这个时期的孩子，我建议从"证实感官愉悦，谨慎色情控制"的角度应对。开始进入青春期的孩子，无论男女，看懂色情内容，身体会有唤起是蛮正常的。可是这样的唤起往往会吸引他们去探索，因此，在感受层面，我们除了要告诉孩子色情品唤起的多种感受是正常的，还要告诫孩子关注色情品的"狡猾"之处。它们会让青少年的身体兴奋起来，诱使大脑分泌出大量化学物质。这些化学物质让人的身体感觉舒适愉悦。虽然仅仅是一瞬间，但这会鼓励孩子不断接触，累积下来就会给孩子的大脑带来伤害。在内容层面，我们可以跟孩子讨论色情品呈现的视角，其所展示的人与人的关系是畸形的，可能让接触色情品的人建立不健康的性观念，并因此难以在现实生活中跟人建立健康、安全、长久的亲密关系。另外，我们还可以侧重在信息来源方面，启发孩子：

"为什么在网络中会出现这样裸露身体的图片和视频？"

"他们的目的是什么？"

"发布这些信息的目的是什么？"

我在4～6年级的课堂里这样询问孩子的时候，他们的回答常常让成人出乎意料。虽然孩子们对色情品的伤害性半信半疑，但对于媒体对人们的引导和控制有一定的警惕性。我们不妨从孩子的批判性思维的角度，让他们独立思考"色情到底会对青少年产生怎样的影响"这个问题。

第三个年龄阶段：进入青春期后。这个时期的青少年身体发育明显，他们会由此感受到身体的巨大变化和情绪的激烈冲动。在荷尔蒙大量分泌和超理性思维的作用下，青少年似乎更容易被"色情品"俘获。他们寻求新奇事物，新发展出来的概念思维和抽象推理能力让他们不再有人云亦云的态度，也让他们更容易与父母产生冲突。在这个时期，要不要跟青少年谈色情呢？答案是"当然"。我记得有位母亲在我的微信性教育讲座后给我留言。她说，听讲座的时候，她18岁的儿子也在旁边。她本意是希望通过我的讲座可以让孩子学习些知识。结果没想到她的孩子却这样反馈："妈妈，现在的家长如果学习这些，他们的孩子就太幸运了。住校的时候，同宿舍的同学天天都忍不住要看这些，晚上很晚才睡，搞得他萎靡不振的，也影响到我们的睡眠。那时候我们都在内心嘲笑他，没想到他可能是遇到了困难。这个事原来要向专业人士求助。"

如何在青少年期给孩子建立沉迷色情的防线？关于这个问题，我对家长的建议是："回归家庭性价值观，给予孩子求助资源。"回归家庭性价值观，是思考在你的家庭中，如何看待色情品。有一个很有趣的现象是，有的家庭对色情品本身持开放态度，但唯独对孩子接触后可能会影响学习而感到不快。所以，到底是否定色情品还是否定有可能影响孩子学习状态的任何事物，也是家长们需要厘清的重要问题。更重要的是，家长在跟孩子沟通时，切记向孩子表达：接触到这类信息是比较常见的，但如果变得不可控了，一定要求助家长；家长不会批评和指责，会理解孩子这是遇到了困境。

最后，需要提醒家长的是，发现孩子接触色情是我们需要跟孩子讨论的信号，并不代表我们需要解决孩子的问题。很多家长们找到我的时候，语气紧张，也会有些羞耻和不解。这样的反应意味着，家长已经把这类情况当作问题而找我求助；家长跟孩子沟通是为了解决孩子的问题，帮助孩子改正错误。这样的视角，最大的问题是——家长把孩子接触色情看成了孩子犯了错。而这样的看法会让家长感觉糟糕，相应地，孩子的感受也会糟糕。

简单说来，何时开始跟孩子讨论色情呢？

无论是否发现孩子接触，我们都需要按照规划好的阶段，根据孩子的年龄，在不同阶段跟孩子进行沟通。当孩子已经接触到色情时，父母应避免在情绪化的时刻跟孩子讨论，而应在自己准备好的时候，以平静的心态去了解情况，给予孩子积极的支持，帮助孩子完成性发展任务。如果我们把孩子接触色情当作提示我们应该给孩子做性教育的信号，在心情平静而非紧张沮丧焦虑时，就能跟孩子讨论色情的话题，这时就是最好的时机。

和孩子讨论色情，五个提示要牢记

王因

"老师，我想和孩子聊聊色情这回事，但心里一点底都没有，而且这个话题的挑战性真的比辅导作业大多了。除了要讲的内容，还有什么需要我留意的地方？怎样才能让我跟孩子聊的时候心里不慌？"

家长们深知与孩子讨论网络色情的挑战性，但为了孩子健康成长，总归要艰难开启。值得欣喜的是，对我们这代家长而言，虽然如何应对网络色情没有太多成功案例可借鉴，但幸运的是，随着养育观念的进步，与孩子谈性已逐渐被大多数家庭接受。不仅如此，有的家长也会尽量找到支持力量，帮助他们更好地与孩子讨论网络色情。

面对网络色情挑战，我们与孩子并肩作战、一起探路，能够让我们对孩子的迷茫慌乱感同身受。所以，多知道一些科学性知识，多学习一些应对策略，多填补一些信息差，总会让事情变得简单一些。

前面我们已经谈到了如何在家庭中制定预防计划，并且根据孩子所处的不同年龄阶段，聚焦不同的角度进行沟通。本节我们会谈到在跟孩子沟通色情信息方面的一些小提示，促进家长顺利与孩子沟通。

提示一：关注未来与能力

在家长性教育工作坊中，我会带着家长进行对话练习。在跟孩子沟通谈网络色情的时候，家长们常常会问孩子的一句话就是："你为什么会看这些东西？"

每到这里，我会示意练习的家长停下来，再邀请家长转化身份，扮演孩子。而我则扮演家长对他说："你为什么会看色情品？"从家长身份一下子转化为孩子身份的扮演者，不禁一愣，一时间不知道如何回答。

我继续询问："当你作为孩子听到这样的问题时，你会有什么感受？"扮演者讪讪地说："我感觉到这是父母在评判我。这不像一个疑问句，而是一个反问句。"

我接着又问："现在你不是孩子了，又变回家长身份。为什么你在跟孩子沟通的时候，会问这样的问题呢？"

扮演者沉思了一会儿，回答："不知道为什么，我下意识就想问孩子接触色情的原因。在我的潜意识里，好像问清楚原因，我就可以帮助他解决问题。可当你让我从孩子的角度来听这个问题的时候，我才发现，自己的问题根本没有用，而且有可能让孩子跟我对立。我以为是在帮助他，而孩子的感受却是我在指责他。"

这就是我们在跟孩子谈论色情信息的第一个提示：请从"找到原因解决问题"转化为"关注未来与能力"。

寻找接触色情品的原因并没有错，但从我们的实践来看，无论是偶然接触还是朋友影响，这些都是过去发生的事。虽然这也是我们需要关注的，但不是我们当下要关注的重点。

很显然，关注孩子的未来，关注他不受色情影响，从而让孩子拥有一个健康的身心以及足够好的亲密关系，这一点才是我们需要始终提醒自己的。因为当家长得知孩子观看或者沉迷色情时，往往会产生各种情绪，如焦虑、紧张、担忧等，从而导致情急之下言不由衷、行为失当，或者像前面一样急着去解决问题。这样的结果往往与养育初衷背道而驰。

所以，当我们从聚焦于找到原因解决问题的角度，转为关注孩子的未来与能力时，我们很容易保持冷静。父母可以更多地观察孩子，与孩子沟通，了解孩子当下所处的困境，看其是否具备应对未来生活挑战的能力。在家庭性教育层面，就是我们在之前跟大家介绍的：评估孩子的性人格脊椎发展状况如何，包括：你与孩子的亲子关系如何？他对自己的认知如何？孩子是否拥有处理性议题的情绪能力、倾听与表达能力？他是否掌握了相关的知识，并且具备向外求助的能力？……这样的角度，不仅会把你从"网络色情的火药桶"里解救出来，还可以让你借这样的机会，着手促进孩子相关能力的发展。不出意外，一个拥有健康性心理的孩子，必然能够从容应对未来生活中的各种性议题挑战，而不仅仅是网络色情。

提示二：越行动越容易

参加完家长性教育工作坊的家长常戏称自己上课前后判若两人。在上课伊始，他们小心翼翼，不知道会接触到什么爆炸性的信息。有位家长曾反馈："我是好不容易鼓起勇气来参加课堂的。之前我不知道老师会讲什么内容，会不会尺度很大，也不知道会接触到怎样的同学，他们说的话我能不能接住。"

性议题以及色情议题的特殊性，会让家长们分外谨慎，所以来到工作坊之前有种种担忧也不足为奇。但也正是这位家长在结束课程之后感慨："原来我学习了许多育儿知识，进行了那么多彻底的认知颠覆，甚至准备跟孩子沟通时在大脑里进行了多次预演，都不及一次小小的练习有效。现在，我终于不怕跟孩子开口了。"

这就是行动的意义。

当下家长们与孩子谈性，挑战很多，如怕自己讲不好、怕孩子不愿意听、怕尴尬等等。但若我们的初心是对孩子的爱与关怀，那么哪怕行动看上去不够完美，都聊胜于无。所以，当你第一次和孩子谈论性议题时，你可能需要很大的勇气，可能会紧张到口齿不清，但只要开始行动，哪怕只是一点点行为改变，譬如和孩子讨论下"我从哪里来"这个老话题，都会让日后谈性、谈网络色情变得容易一些。

提示三：巧用角色扮演

前面提到了只要我们行动起来，就有机会打破谈话的困境。接下来，邀请伴侣或者朋友进行角色扮演，就是特别适合家庭开始谈性之旅前的小行动。

简单说来，就是不谈孩子的具体情况。我们通过故事或者角色扮演的情况来讨论这个议题。谈了，却又不是直接与孩子谈。这样既涉及色情议题，又降低了焦虑和顾虑。

如果还是没有把握，请邀请你的伴侣或者朋友扮演你的孩子，先练习起来。开始，你可以简单介绍一下孩子的脾性，让扮演者带入对孩子的理解，和你开启这场对话。请对方按照孩子的状态尽情发挥。你可以打底稿，可以一遍遍推翻后重来，当听到自己的声音逐渐坚定清晰，你就会有更多信心。

这就是我们在家长性教育工作坊时，常常使用的练习方式。当你一遍遍地练习跟你的"孩子"沟通时，你便更有可能在家中跟真实的孩子沟通；当扮演孩子的人反馈谈话时的心理状态以及希望听到的信息时，你便收集了更多可以跟孩子沟通的信息。

正如在前文中，我就采用了跟家长角色扮演的方式，帮助家长更好地体会作为孩子听到父母话语时的感受和想法。扮演孩子的我，不仅真实地表达感受，还会提出希望："当你问我为什么会看色情品的时候，我感觉到被父母指责了，并且很苦恼，没办法很好地解释自己到底发生了什么，因为我自己也不知道发生了什么事。我希望父母不要把焦点放在让我感觉到羞耻和无助上；我也希望你们帮帮我，厘清到底发生了什么。"听到这样的反馈，那位家长自然而然地进入角色："我猜你可能也不知道自己发生了什么，也担忧我们可能会批评你。我们刚了解时，也感觉到震惊和担忧。我们没想到你会接触色情品，也更担心你接触后会被伤害。"

角色扮演就有这么神奇的作用，它让家长们有更多的勇气、更多的经验去面对跟孩子谈性的未知，也让跟孩子谈性说爱这个似乎有巨大挑战的任务变得有趣生动起来。而那些曾经让你觉得"难以启齿"的词汇成了你的工具，而非你的绊脚石。

提示四：打开谈性的圈子

这里主要是指在你感觉到安全的圈子里，开启一些关于性的话题。对于我们而言，在密友圈或者亲子圈谈论孩子的学业问题相对容易，性议题虽有挑战性，但毕竟都是为了孩子嘛，谈谈也无妨。然而，成人之间的性话题往往是禁忌，可能在夫妻之间都鲜少讨论。但我还是建议大家尽可能从夫妻这个小圈子着手，然后一点点扩大这个圈子，谈一些与性有关的话题。为什么这样说呢？其实还是祛魅，因为性羞耻的文化烙印对我们影响太深了，而从生活安全圈入手，一点点谈性，则是非常棒的性脱敏。

对于想在家庭系统中与孩子谈论色情议题的父母而言，成人之间谈性其实是曲线救国，歪打正着。这是因为与孩子讨论性议题、色情议题，最难的不是内容，而是谈论时你所传递的对性的感受，即性价值观。若你能稳定住自己的情绪与孩子谈性，那么性带给孩子的张力就会小一些，孩子的迷惑也会随之减少。当然，与他人谈性，往往会有意外的收获，譬如对方可能有一些很棒的想法启发到你，或者对方会和你成为盟友，彼此打气，又或者当你们终于把这个藏着掖着的禁忌话题讲出来时，你们会感觉非常爽，感觉心里的担子有人分担，负担一下子轻了很多。

提示五：保持敏感

其实稍微留心，我们就会发现，生活中的软色情也不少见，音乐视频、网络广告、电线杆广告、电影桥段等里面都可能有色情信息。当我们对色情信息有了足够的敏锐后，我们便拥有了与孩子随时开启性话题或者色情话题的能力。如果孩子遇见了色情信息，我会建议父母对这些信息直接定义，讲给孩子听，譬如"这是色情信息""这样的画面出现在公共场合是不太合适的"等等。同时，询问孩子的想法或感受："看到这些画面，你有什么想法？现在感觉怎么样？""如果下次你独自一人看到这些画面，你会怎么做呢？"

我就曾在儿子8岁的时候，跟他聊过广告宣传里的图片。有一次，我带着他去逛商场，看到售卖内衣的商店外是巨大的广告牌，广告里是年轻的男女穿着性感内衣站在一起。我问儿子："你看到这样的画面有什么感觉？"他回答："没啥感觉啊。他们穿成什么样不是他们自己的事吗？"我接着又问："之前，妈妈在课堂里曾说过，穿内衣是比较隐私的事情，一般不会在公开场合直接穿内衣。可为什么他们会穿得很少并做出我们很少在公共场所看到的动作呢？"这样的问题，让他困惑起来。于是，我就跟他聊起来，在广告中，模特的身体到底意味着什么，以及在我们国家穿着的变化和人们观念的变化，等等。

发现生活中的软色情后，我们不应避讳，应跟孩子进行讨论。这样做的好处是显而易见的。一方面，这样能将植入色情信息的广告对孩子的催眠效应降到最低，将色情信息对孩子的潜意识影响转为意识层面的影响，进而培养孩子对色情信息的批判性思维；另一方面，这样做会让孩子觉得与父母谈论性议题是被允许的，当他看到了"重口味"影像时，会想到与那个"经常和自己谈性的人"聊聊，而不是找网络、朋友或者一个人闷在心里。

本章的主要内容就是两点：一方面，我们在与孩子谈网络色情时，要将重点放在未来，放在孩子性人格脊椎的发展上，放在处理各类性议题的能力建构上，这会让我们不再拘泥于一些可能迅速引发焦虑的细枝末节。与之相反，我们会将那些发生在孩子身上的挑战性议题视为建构能力和提升亲子关系的契机，化挑战为动力。另一方面，有几个提示主要是通过一些细微的行动来启动改变，主要是对性议题、网络色情议题的系统脱敏。谈论的内容固然重要，但在谈论中传递给孩子关于性的感受和价值观更加重要，而关于性的感受和性价值观往往存在于你的举手投足和眉宇之间，这些会通过非语言信息被孩子敏锐捕捉到。

所以，一句话总结本节的主题：仰望星空，脚踏实地，一步一个脚印，行动起来。

抓住五个易谈时刻，轻松把握机会

王囡

　　"平时工作生活已经够忙的了，还要操心色情信息这档子事，费心不说，关键是太难开口了。你说有没有什么方法能够稳准狠、一次见效，让孩子跟色情彻底告别的？要是真有，再难我都能迎难而上！"云妮（化名）性格直爽，一针见血地道出了父母们心里的难处。但是，我也只能缓缓地说"没有"。

　　云妮的困境具有普遍性：性议题，尤其是网络色情议题具有敏感性，很多父母终于鼓起勇气和孩子谈了，谈完之后长舒一口气，想着兴许可以放下心来了。但事实上，与孩子谈论色情内容并不是一劳永逸的事情。因为生活中的色情信息，尤其是软色情无孔不入，而成长中的孩子总是对这个世界有着浓厚的好奇心，熊熊燃起的好奇之火哪能这么容易被扑灭？最关键的是：孩子之所以能够成功应对网络色情挑战，靠的是处理性议题的能力，而能力绝不是一次谈话就能建立的。

在家庭中，真正有效的色情议题讨论会发生很多次：一些大的，一些小的，一些正式的，一些随意的。这样做的好处是一方面可以聚沙成塔，持续建构孩子处理性问题的能力；另一方面是脱敏，让色情议题在家庭中逐渐变得轻松可谈。当然，因为色情议题的特殊性，谈论的时机也有讲究。除了我们精心策划的天时、地利、人和的正式谈论时刻，还有什么时机和场合比较适合同孩子谈色情呢？其实呢，润物无声地嵌入日常生活效果更好。我来简单分享与孩子谈性、谈网络色情的五个易谈时刻。

1. 亲子共读时光

美国儿科学会提出：与孩子亲子共读可以提升亲子关系，促进孩子大脑发育，提升孩子的语言、识字和社交情感技能等。总之，亲子共读就是好处多多。随着童书绘本和家庭教育的大力推广，亲子共读的理念已逐渐被很多父母认可并实践。

在众多绘本中，有一个小众但却非常重要的分支——性教育绘本，它的存在大大提高了家庭开展性教育的可能性。那些对很多父母而言"难以启齿"的话题，经过图画和童言的演绎而变得可以言说，为孩子的性成长提供了极大的帮助。所以，无论你的家庭是否已经开启了亲子共读，我都非常建议你从此刻开始，与孩子一起共读性教育绘本。这样的绘本兼顾了实用性和趣味性，非常建议父母们与孩子亲子共读。

在此，我仅对网络色情部分加以提示：在目前国内可获得的性教育绘本中，很少有直接探讨网络色情内容的，目前我所了解的有一本《如何保护你的孩子远离网络色情》。针对国内性教育绘本关于网络色情部分的缺失，大家可以作如下处理：一方面，尽可能与孩子一起多阅读性教育绘本，让孩子知道涉及身体、隐私、亲密关系等的性议题，都可以与父母探讨。另一方面，在很多性教育绘本中，譬如立体翻翻书《身体的秘密》，或多或少涉及讨论色情图片的内容，父母们可以同孩子就这部分内容展开讨论，譬如："你看到了什么？""你认为这样的内容适合小孩子看吗？""如果下次看到了，你要怎么办？""如果有人故意向你展示，你怎么办？"……

随着孩子渐渐长大，阅读书目的类型也会逐渐丰富起来，所以可以慢慢加入爱情、霸凌、勇气、刻板印象等多元性议题，最重要的是与孩子一起讨论。请务必记得：亲子关系永远需要放在第一位。当亲子关系足够好时，不管孩子处于哪个成长阶段，你和孩子之间都容易开启性的话题。

2. 娱乐时间

除了亲子共读，家里还有很多娱乐活动，譬如看电影、看电视、看短视频、运动、逛博物馆、玩游戏、听音乐等。以我的家庭为例，从女儿3岁起，每周日晚上便是家庭电影之夜，由爸爸列出电影清单，女儿进行选择。之所以这样处理，是因为孩子小，选择电影的能力确实不足；加之目前国家电影分级制度还不够完善，父母须把好第一关，将可能存在的暴力、色情信息从源头杜绝。

随着孩子年龄增长，可以邀请他一起选择和讨论影片，这是一个逐渐赋权的过程。作为负责任的父母，在与孩子共度电影时光之前，会进行大量的筛选工作，无论筛选过程是什么样的，都要尽量邀请孩子参与最终决定。每个电影之夜都是机会，能将家庭重视的价值观在讨论、决策和观看中传递给孩子，让娱乐和教育兼得。

当然，通过查阅影评来选片还是有风险的。因为对于电影的解读因人而异，也许有时你会发现即便做了功课，还是会在电影中发现一些不大对劲的镜头，那么此时便是和孩子讨论的最佳时机。这个时候，暂停电影的播放并和孩子谈论与该场景相关的家庭性价值观，让孩子决定接下来如何处理：跳过该场景、停止观影，还是继续完整观看？

下面我以《青春变形记》（*Turning Red*）这部电影做简单解析，分享里面可以开启性议题谈话的场景：

（1）美美画了一幅超市收银员男孩的画，这张画里的男生有着肌肉发达的手臂和腹部，而且美美似乎着迷于此。当她的母亲发现美美的图画里有男孩和女孩拥抱的画面时，她感到非常尴尬和愤怒。在这个情节中，我们可以和孩子讨论：美美的画有什么问题吗？妈妈为什么会有这样的反应呢？

（2）电影中，美美和朋友们都谈论男孩并为此着迷。可以就此问问孩子怎么看。

（3）美美和朋友们在几个场景中朝镜头摆动臀部；泰勒用亲吻并抚摸自己的肩膀来嘲笑美美；四城乐队中的一个成员在舞台上向尖叫和疯狂的歌迷送飞吻。问问孩子：看到这些画面，他感觉怎么样？为什么动画片中的主人公会做这些动作？

（4）妈妈询问美美"你的花开了吗"，并提供了很多建议和卫生用品。美美对妈妈大喊大叫，试图解释事情不是这样的，但她的妈妈却说："保护你精致的花瓣并定期清洁它们。"妈妈在美美同学面前举起一包卫生巾，同时喊道："你忘了卫生巾了。"妈妈和美美在说什么事情？妈妈的表达方式让美美有什么感觉？有没有可替换的方式？

3. 网络设备讨论时间

对当代家庭而言，有一个重要且自然的谈论色情的时机：当你开始为孩子配备第一部儿童手表、手机、电脑、平板、Switch、Xbox、PS4 或其他任何联网设备时。这时，你可以与孩子一起讨论网络设备的使用规则以及设置规则的潜在原因。这时可以将那些无孔不入的网络色情或者暴力信息拿出来与孩子讨论，说出你的想法和担心，更重要的是听听孩子的想法和感受。针对技术方面，我们可以和孩子探讨：

（1）使用电子设备，可能存在哪些风险？孩子准备如何应对它们？

（2）共同探讨使用电子设备的规则，包括每次、每天、每周的使用时间、使用时机，以及如果没有遵守规则会有怎样的处理方式等。规则一定要具体且清晰。这里要提的是，虽然是为了保护孩子，但单方面为孩子设立规则可能会引发孩子的抵触情绪，父母此时也可以与孩子讨论出父母使用电子设备的规则以及未遵守后的处理方式。之所以这样做是因为：一方面，换位思考，去理解和感受孩子合理使用电子产品时需要付出的努力和毅力；另一方面，和孩子结成同盟，并肩作战，传递给孩子一个信息，即父母在网络使用的规则上言行一致。

（3）如果发现不妥的情况，譬如看到色情或者暴力等信息，要如何处理？有合适的求助和讨论对象吗？

（4）最重要的是：同孩子谈谈设立规则的原因，落脚点是出于爱，是为了保护孩子的身心，为了保护他们宝贵的大脑和未来的幸福。要记住，父母是孩子的同盟，而非监工。

4. 察觉到广告中的软色情时

我们可能很难在日常生活中看到直观暴露的色情信息，但软色情却是无孔不入的，尤其是广告中的软色情——打着色情擦边球博人眼球，激发脑内多巴胺，让你忍不住买买买。商业利益让这一潜规则逐渐渗入日常生活，其中以网络视频、广告弹窗为甚。网络广告的渗透力惊人，上至耄耋老人，下至学步儿童，只要接触联网设备的人，就有接触广告的可能。

面对生活中无处不在、狂轰滥炸的商业广告，一时回避虽然容易，但我们无法时时刻刻护孩子周全，孩子总会注意到，而且回避这种方式相当于白白浪费了一次谈论色情议题的宝贵时机。为了将广告中的软色情变成可教时刻，我们需要尝试以孩子的眼睛来审视这一切，应对软色情侵害的同时，也教孩子成为善做决策的智慧消费者。以椰树椰汁广告的图片为例，我们可以进行更深入的对话，以提问开启，譬如：

这是宣传饮料的合适方式吗？为什么广告中的女孩子要这样穿着？为什么要有被水打湿的画面？看到这些画面，你会有什么想法？你的身体感觉如何？你觉得厂商希望你如何看待这些椰汁？

我们尤其需要留心出现在孩子电子设备上的广告——那些令人生厌的插播广告、弹出窗口和其他诱惑性的小按钮。要时刻记得以孩子的眼光来理解这一切，那些我们认为司空见惯的事情，可能正是让孩子非常迷惑的点。所以，请抓住生活中的点滴，更有意识地与孩子谈论色情内容。在家庭中，随着交谈变多，关于性与色情议题的对话将变得更加频繁和自然。最终孩子会明白：只要他需要你，就可以随时来找你。

5. 性教育和性安全的日常讨论时刻

随着性教育被写入未成年人保护法中，孩子可能会在学校上有关性教育的课程，但家庭依然是谈性、谈亲密关系、谈色情议题的最佳场所。因为对于孩子而言，家庭中的性话题，将随着他的成长动态调整，是无法复制和替代的。譬如，亲子共浴、拍照、换衣服时，告诉他隐私部位的重要性及保护规则；孩子与其他小伙伴起冲突时，询问其感受，并告诉其真正美好的关系是互相尊重等。这些话题看上去与网络色情有点距离，但恰恰是良币驱逐劣币的内核，它们是网络色情所传递的信息的反面，是对网络色情所传递的混乱价值观的有力反击。父母在生活中非常自然地谈性说爱，其实就为孩子健康的亲密关系奠定了基础，并让孩子更易发现色情信息的不健康之处。

也许孩子会学到关于性的新知识，也许会被某个人吸引……这些自然而然发生在孩子成长阶段的插曲，这些引发孩子内心波澜的大小事件，会因为家庭中无数次谈性说爱而被稳固支撑。当孩子产生"越界"冲动时，他的记忆深处会唤起家庭中那些关于性和亲密关系的美好瞬间，这会促使他们在关键时刻做出理性而负责的判断。

孩子真正能够应对网络色情挑战，靠的是能力，而能力则是在家庭中一点点建构起来的。与孩子在观影、读书、徒步、组装电脑时，将家庭性价值观传递给他，与他一起讨论网络色情的危害，这种看似"非正式"的会谈，其实蕴含着真正的力量。

当父母能够与孩子自如地谈性说爱、谈网络色情的危害时，父母便给了孩子柔软和涵容的支撑，在这支撑之下，孩子便能够建构起独立处理性议题的能力，能够长出足够健康、能够抵御人生各种风险的人格脊椎。

我，是我自己加上我的环境，如果我不去拯救环境，我就不能拯救我自己。环境形成了我个人的另一半；只有通过它，我才能整合我自己并完全成为自己。

——萨尔瓦多·米纽庆，《家庭与家庭治疗》
（Salvador Minuchin. *Families and Family Therapy*）

第五章

智慧应对色情挑战的
SACS模式

S（Self）：我先静静，父母开启冷静模式

王媛

有位心理咨询师朋友跟我谈到，我的工作很大部分都是在宣讲网络色情的危害以及如何预防，可是绝大部分向我咨询的家长，都是发现自己的孩子正在接触色情，甚至有的情况都比较严重了才来咨询我的。此时的他们是非常急切和无助的，因为家长们但凡有其他办法，都不会想到要向咨询师求助。

是的，这些家长遇到了困境。有的可能是已经有了一些行动，但效果不尽人意；有的则是意识到孩子接触色情可能会带来伤害，但又不想粗暴地对待孩子，希望有方法在不伤害孩子的前提下，更好地应对。我会把这样的期待称为"智慧"。而实践这个智慧，是需要根据步骤一步步行动的。根据我多年的咨询经验来看，当孩子遭遇网络色情危机时，家长的处理需要经过以下四个步骤：

第一步，我先静静——家长识别与厘清自己的情绪。

第二步，一起静静——结合家庭助力，给予孩子系统性支持。

第三步，家庭 PDCA 环——计划、实施、检查、行动，让孩子有效应对色情。

第四步，系统视角，合力助攻——家庭—学校—孩子，合力促进发展。

谈到"智慧"这个词，我们会想到的是睿智、聪明，而智慧背后更包括情绪上的稳定与觉知。情绪是我们应对网络色情议题的重点。虽然一开始，家长是因为无助前来向我们求助，但实际上，他们的情绪比我们想象的还要错综复杂：紧张、愤怒、羞耻、内疚、担心……极少有家长能觉察，危机来临的当下，自己复杂混乱的情绪感受对应对挑战有非常关键的影响。

所以，帮助孩子应对色情挑战的第一步，就是：家长需要识别与厘清自己的情绪。

为什么家长"先"识别与厘清自己的情绪是首要步骤呢？

首先，家长们发现孩子接触色情时，大多会产生负面情绪。这些情绪虽然因为家长们的个人经验和性价值观不同而不同，但都会让孩子体验到羞耻。羞耻是一种令人痛苦的感受。它除了让人体验糟糕以外，还会让人觉得自己是糟糕的，从行为上的羞耻延展到自我认知。在一个人成长过程中，自我认知是逐步建构的，前期重要的建构阶段深受家庭的影响。因此，孩子最初的羞耻感的产生往往来自自己与家庭成员之间的互动。以前有观点认为，羞耻会让人改正错误，避免继续犯错。但强烈的羞耻感不仅不会让孩子的行为发生变化，反而会让孩子在本能与羞愧中，选择其他的方式安顿自己。其中，也包括逃避——行为隐秘或者地下化，最后走向成瘾的漩涡。

在帮助孩子之前，家长务必意识到：你的情绪，在处理这件事中至关重要。如果你自己做不到情绪稳定，在事件发生时，提醒自己需要暂停，找到人帮助你安顿好情绪后，再思考和行动。

我们再从孩子视角，来分析家长在情绪漩涡中挣扎而不自知的时候，他们会如何看待自己，孩子可能会如此想：

我犯错了，父母一定会惩罚我。我感到害怕，因为我知道父母认为看色情品是错误的事。不听从父母的警告，被抓到会遭到惩罚。如果我还想看，又不想被父母责备或惩罚，我只有选择偷偷看不被父母发现。

我是品德败坏的孩子。父母认为看色情品的人都是品德败坏的人。我知道他们对我有品德上的要求，可我辜负了他们。在他们眼中,我是不值得被爱的人,我是坏孩子。

我让父母痛苦了,我是伤害他们的人。我爱我的父母,我知道看色情品会让他们感到痛苦,我是引起他们痛苦的罪魁祸首。我既想照顾自己的欲求,又不想伤害父母。以后,我只有向他们表现我好的一面,避免他们失望和痛苦。

我是不是出问题了?父母禁止我看,但我却做不到。我让他们难堪、羞耻,而我也无能为力。我是不是出什么问题了?

我很孤单,我没有得到他们的爱。父母只看到我的行为是否让他们满意。他们根本不理解我,只会批评和指责。他们发现了这件事,就认为我品德败坏、可耻。他们根本不清楚我经历了什么。他们对我只有要求,没有真正地理解我。他们也不愿意帮助我。

以上是我听到的接触了色情品的孩子们的心声。而当父母淹没在情绪之中时,是很难有能力去听到孩子们的声音的。

那如何才能真正听到孩子的声音,避免家长的负面情绪造成孩子的羞耻感和自我贬低呢?

家长"先"保持冷静的四项建议：

第一，了解家长发现孩子接触色情品的具体状况不同，觉知自我的情绪反应会产生不同影响。

通常情况下，家长们会在两种情况下发现孩子接触了色情品。一种，孩子正在秘密地观看色情品。他主动去搜索这类信息，或者与朋友互动聊天传递。他还小心谨慎地避免被父母发现。另一种，孩子意外看到，感到迷惑不解并且告诉家长。这里又包括孩子主动告知、家长主动询问开启这个话题、家长陪同孩子参加儿童性教育课堂时发现这三种情况。但无论孩子是主动还是被动、有没有向家长隐瞒，都不代表孩子对家长的对抗或者背叛。

第二，延迟反应，给予自己足够的缓冲时间。

有一位医生曾在我的课堂里谈道："我以为自己对性、对色情比较淡定，但没想到事情让我猝不及防。当我在孩子手机里发现她搜索色情文字时，我非常震惊。她居然是在晚上大家睡着以后，偷偷拿手机浏览的。我为什么没有提前提醒和告诫孩子？"这位家长的反应太常见了。无论孩子是刻意寻找还是无意中看到，家长们依然会产生种种情绪：因为自己没有做到完美而感到内疚，因为孩子隐瞒接触色情的经历而愤怒，甚者为孩子偷偷摸摸看手机的行为而感觉到背叛。此刻延迟反应的重要性就在于，我们给予自己时间和空间保持冷静。时间，是指提醒自己不要马上付诸行动，即使你有无数的猜测和念头，也要记得此时此刻绝不是你处理这种事情的最好时间。空间，是指迅速与孩子所处的环境分离，在私密的地方先处理自己的情绪，无论是发泄还是冥想，或者是找到支持者倾诉。为什么需要这样做？除了避免让孩子产生羞耻感，还有很重要的原因是，为了帮助孩子维持安全感。就像我们在之前谈过的谈性的指导原则——感觉原则。孩子感觉好，你感觉好，这件事才有可能处理好。即使有时候无法避免事件带来的负面情绪，也可以向孩子表达和示范：跟孩子谈论性的话题，父母不会情绪失控。父母有足够的能力向孩子示范，自己可以给予孩子安全感以及鼓励孩子表达出他所面临的困境。

第三，利用延迟时间，识别自己负面情绪的来源。

当我们提醒自己延迟反应，进入暂停时间，我们还可以做的功课是识别自己的负面情绪来源：

羞耻：在我所受的教养中，色情就是羞耻的。我的孩子怎么会接触到这样让人感到羞耻和恶心的东西？别人知道了，会怎么看我的孩子，会怎么看我的家教和我？

恐惧：色情的影响力非常大，它会不会让孩子沉迷其中，或者让孩子有糟糕的行为，毁掉他们的未来？

担心：我不知道孩子居然接触到了色情，他还有什么是我不知道的？我怎么避免他去接触不好的东西？

无助：我完全不知道该怎么办。真是太糟糕了，而我一点办法都想不出来。我就是想孩子能尽快停止下来。

愤怒：我们跟孩子聊过，他居然偷偷摸摸地观看色情品。孩子背叛了我们，我不知道还能不能信任孩子。

内疚：我早就该发现这个苗头的啊。我不该给他用电子产品。无论是手机还是平板电脑，这些东西我都没有管控到位。

识别自己的负面情绪来源的同时，请记住：

孩子不是错误和问题，家长应该跟孩子统一战线而不是批评和指责孩子。

色情才是敌人！

第四，"我先静静"的五个护身"咒语"。

时刻提醒家长，他们和孩子们是在同一战线上的，这对智慧应对网络色情是非常有帮助的。家长们可以通过以下五个"咒语"（建议），让自己能够及时保持冷静：

第一个"咒语"：人总会犯错，不管是孩子还是成人。

意识到内疚和自责并不会帮助到家庭，我们要停止责备孩子和自己，才会有能量面对困境。

第二个"咒语"：接触色情不是孩子的错。

提醒自己理解：孩子们对色情好奇并搜索，不是道德和品质的问题。孩子们那么容易接触到色情信息，是目前的环境导致的，孩子们很难避免接触到色情信息。让孩子们独自面对这样的挑战是不公平的。

第三个"咒语"：我们忽略了给孩子提前做准备，但还能弥补。

让自己保持信心。在养育中，我们无法做得完美，但我们可以从挑战中吸取经验教训，帮助孩子更好地成长。而这，也是家长成长的好机会。

第四个"咒语"：孩子被发现后，也会恐惧和羞耻，也处于情绪漩涡中。

在我们跟孩子沟通时，孩子极有可能隐瞒或者欺骗我们。这些反应是因为即使我们从未谈过色情，他们也意识到这个行为是不对的，担心父母失望或者惩罚他们。色情品本身就会让人有多种情绪反应。我们要记住，让孩子确认情绪反应是非常正常的。

第五个"咒语"：孩子跟我们一样，在意的是亲子关系。

即使孩子主动接触色情，或者并非主动告诉我们，而是隐瞒和欺骗，这些也都不代表孩子不在意家庭，而是他们在发展中遭遇了挑战，让他们无法自如地与我们交流。以安全的亲子关系为基石的交流，才能真正保护孩子不受色情的伤害。

A（All）：一起静静，全家人协调平静

王媛

在我们的家庭中，不是只有一位家长面对孩子接触色情的挑战。很多时候，家庭成员的态度和意见会有所不同。解红（化名）就很苦恼地对我说："我在儿子 5 年级的时候，发现他看色情图片。我很担心，把这件事告诉爸爸，希望他能跟孩子说一说。但爸爸有些不以为意，他说男孩子接触这些很正常。我也不知道他具体跟孩子说了什么。现在儿子初二了，我发现他仍然在看这些东西，有时候甚至是在晚上偷偷看。马上要中考了，我很担心他的身体，晚上看这些会不会影响他的学习？"

有些爸爸的视角可能会不一样。志坤（化名）是一个 3 年级男孩的父亲。他与太太前来咨询时，谈出了自己的看法："我观察到小孩是非常敏感的，有些内向。他好动，不

太容易跟人相处，学习能力也偏弱。我看到他在搜这类信息，非常震惊。妈妈觉得这是孩子不小心看到的，过一阵就会忘记。我是有点担心啊。我平时工作非常忙，经常出差。妈妈在家除了在生活上照顾孩子，就是让他上各种培训班。我希望妈妈更多地关注孩子的心理，不让孩子出现偏差。"

对孩子而言，色情让他们充满了复杂的感受，而不同性别的家长也是如此。在成人的世界，因为对色情有着不同的价值观而产生的分歧，通常情况下还可以涵容，但一旦涉及孩子，就没那么容易了。

这就要提到智慧应对色情挑战的第二个重要步骤：一起静静。我们需要结合家庭助力，给予孩子系统性的支持。如何做到"一起静静"呢？首先是家庭成员一起进入冷静、思考、协商的过程。

在前文，我们曾聊到，价值观是我们看待事物的观念。"色情"这个概念，不仅受到文化、社会、家庭的影响，也借由个体体验而确定。它是主观的，也是个人的。

在没有直面"色情"挑战时，我相信只有极少数人会去厘清和思考自己对色情的价值观。这似乎是个人隐私，深深藏在隐秘的空间里。即使是相伴多年的伴侣，恐怕也很少有人会去认真思考和讨论。甚至有时候，色情也会成为家庭中的大象——它影响着家人，不可谈又真实存在。倘若不是因为孩子，这个议题应该很难被提及。

所以，在这里，也许真应该感谢孩子。他们在成长过程中因好奇和探索而产生的性挑战，反倒让父母不得不去面对成长的话题。那些伴侣之间没有勇气去沟通的话题，却因彼此对孩子的爱与关切而开启。这也算是孩子们送给我们的一份奇妙的礼物吧。

回顾自己原生家庭的性价值观，可以更好地看清自己。借由回忆自己接触色情的感受、体验和经历，那些模糊不清的情绪感受被我们厘清、接纳，让我们可以积极表达与看到。与此同时，在跟伴侣的沟通中，要看到彼此并理解对方的性价值观，在沟通协商的前提下，再来思考如何合力跟孩子沟通。

在前面的故事中，解红说，不知道爸爸跟儿子沟通了什么。当她发现儿子继续接触色情时，她感到担心。这个担心不仅针对儿子，我想也有对爸爸的失望。一开始，她期待爸爸跟孩子沟通的结果是儿子停止接触色情。可后续的结果不如她预想，在她担心孩子的同时，不免对爸爸产生了怀疑：爸爸是怎么跟孩子说的呢？虽然事情到底怎样，我们不清楚，但可以看到，夫妻因对色情的认识不同而产生了养育分歧。

同样，志坤对孩子搜索色情信息的关注来自他对孩子在学业压力下的深深担心。他前来寻求支持的，看起来是如何处理孩子接触色情品的问题，背后却是希望妻子能重视孩子的心理健康情况。

所以，家长进行沟通，并不是简单委托对方帮忙沟通。就像解红一样，在她的理解中，让爸爸跟孩子沟通，就是达到让孩子停止接触色情品的目的。所以我们要先了解彼此对这件事情的看法以及观点。如果沟通，我们需要如何沟通，这才是真正帮助孩子面对色情议题的有效内容。

接下来，就是进入"一起静静"的第二个阶段：父母帮助孩子厘清感受。

对孩子而言，接触色情是让他们充满困惑的。成人不穿衣服，做出极少数不在公众面前做的动作，他们的脸部表情、发出的声音等，对于感官敏感的孩子来说，都是他们此前从未遇到过的冲击场景。

不仅如此，其中的内容也是让孩子们极为迷惑的信息。试想这样的情况：从小到大，我们都教导孩子对他人友好，不可以攻击他人，要懂得学习尊重人与人之间的界限，特别是属于个人的隐私部位更是不能看不能摸。可当他们在网络中看到成人裸露的身体，或者某些女性被攻击、嘲弄和侮辱的行为时，他们更多的是对此感到困惑不解。并且这些困惑，多半是没有成人可以帮助孩子们厘清的。甚至有的孩子会直接模仿。美剧《初来乍到》（*Fresh Off The Boat*）里有这样一个令人啼笑皆非的片段：男孩艾迪想获得同伴的认同，谎称自己家里有成人影片想吸引伙伴到家玩，但他家里实际上并没有成人影片。无奈之下，他只好把爸爸的餐厅里用于防骚扰的影片作为成人影片给同伴看。没想到，男孩子们看完后，觉得很精彩，并且模仿影片中骚扰的行为，在班级中对女孩子调情或者求爱，结果闹出了笑话。虽然这只是喜剧中的片段，但间接说明了以成人影片作为最初的性教育素材会给儿童、青少年们带来巨大的困惑。

那我们应该如何做呢？

首先是要了解色情的狡猾性。因为它在同一时间唤起了人们两种冲突的感受。我在个案中，有时候会听到家长们的反馈："老师，我的孩子说，当他看到这些图片时，小鸡鸡会竖起来，感觉既奇怪又舒服。""老师，当我们问孩子有什么感受的时候，孩子也会诚实地回答，他感觉到身体热热的，但又无法说出来。"

是的，孩子跟成人一样，看到这类信息，会有身体上的本能反应。这是来自人性的本能，无论年龄，也无论男女。这样的身体感受，就是孩子们常常会遇到的第一种感受：愉悦，刺激，好奇。

同样，也有家长忧虑地说："我发现孩子很紧张，尤其当我发现他看时，他会特别害怕。我告诉他，父母能理解，被人看到也许会害怕紧张。但他也承认，有时候，当自己好奇想看这类信息时，又感到挫败和恐慌，很怕自己总是想到这些画面。"

这就是冲突的另外一些感觉：情绪上的挫败、恐慌和焦虑。

有研究者曾发现：性与暴力联系起来，会让大脑产生强烈的多巴胺，它增加了色情的成瘾天性。这就是为什么网络色情信息会让人越来越暴力。

如果我们让孩子独自去探索看到的色情信息到底是怎么回事，那么他们极有可能会去寻求更多的色情信息。很多家长发现自己的孩子接触色情信息，是因为发现自己的孩子在搜索引擎里搜索有关性的词汇。即使一开始，他们可能只是源于一种自然而然的震惊感受，还没有太多的身体反应，但当他们开始进行搜索的时候，我想，某个世界就这样毫不设防地向他们打开了。而且，身为网络原住民的他们，也极有可能有着我们望尘莫及的检索能力。当然，这时候，还不包括大数据因为进行了搜索而自动送上的海量类似信息。

父母安顿了自己的内心，开始对孩子进行沟通时，帮助孩子们厘清感受是既难又重要的步骤：

我们首先可以向他询问身体的感觉。比如向孩子询问："你的身体感觉怎样？那个部分，什么感觉？是热热的，还是痒痒的，或者有些紧张和冲动？"同时，我们也可以观察孩子的表情和肢体语言，帮助他们平静下来，识别他们自己的身体因此唤起的性的感觉。这样做是因为，主身体感觉的右脑和主语言表达的左脑有机结合，能让人觉知自己的身体反应，但同时也可以帮助孩子认识到这些色情信息让我们的身体产生这样的反应是正常的。承认性唤起会很好地避免孩子在面对正常性感受时产生的羞耻感。

在这里，我要特别提醒：有的家长从未接触过性教育，会认为性欲反应只有青少年或者成人才会有。当孩子向家长说出身体反应时，家长会恐惧，担心孩子会不会性早熟，从而无法冷静，更别提去帮助孩子理解身体反应了。请记住，人类对性的反应天生具有，也包括儿童。

接下来，开始询问与情绪相关的问题。比如向孩子询问："你的感觉怎样？"不同的孩子会有不同的反应。有的孩子会在看过后，说他们感到恶心或者胃难受想吐。有的孩子会表示看到后感觉到紧张和害怕。有部分孩子会表达自己害怕和恶心，尽管我们观察到他们是兴奋的。也有的孩子无法表达出自己的情绪感受，会摇头或者说不知道。

在遇到这样的情况时，我们的回复可以考虑以下的方式，就是我们在前面讲到的，通过列举色情反应的情绪词汇，帮助孩子们认知并进一步澄清感受。当我们偶然看到这样的图片和视频时，我们可能会产生很多感觉：恶心、好奇、刺激、兴奋、紧张、恐惧等等。这些感受都是正常的。我们可以在这里停一会儿，确认到底属于哪种感受。有的孩子可能不擅长情绪表达，或者情绪表达困难，而这些孩子恰恰是最需要我们支持的孩子。千万不要因为孩子摇头不表达或者表示困难就放弃。我们可以利用一些辅助媒介来帮助孩子感知与认识，比如用画画的方式，或者用情绪卡片辨认的方式。

当我们帮助孩子厘清感受后，接下来我们可以向他们解释色情的狡猾性。这类信息让我们产生冲突的两种感受，而我们往往会因为这样的感觉产生困惑或者不舒服的感受，长期累积有可能会伤害孩子没有发育成熟的大脑。

最后，可以适时地向孩子传递家庭中的价值观。比如向孩子解释他们未来有非常适宜的时间去体验性感受；或者向他们表示，当他们大脑发育成熟，对自己有更强控制力的时候，才拥有接触的权利；又或者教导孩子，当他们长大以后，遇到值得深爱和信任的人，那时候可以体验到身体和精神上的愉悦感。性感觉是美好而正常的。它的存在是为了将两人连结起来，保持信任与亲密的关系。

"一起静静"基于之前家长之间对彼此性价值观的厘清，沟通协商将以什么样的价值观与孩子沟通。"一起静静"旨在帮助孩子识别和理解他们看到的暴露性影像，而这对帮助他们的理性大脑拒绝色情是非常关键的。家长帮助孩子理解感觉大脑对观看色情的好奇，能够帮助孩子们降低羞耻感。并且，家长也可以基于内容与孩子沟通，真实的性关系不是伤害，而是对他们深爱的人表达友好和喜爱。

C（Circle）：计划、执行、检查、处理，家庭循环支持

王囡

    过往经历之所以会对我们的当下产生影响，很大程度上是因为当下的人、事、物触发了我们记忆深处的情绪开关。情绪是过往经历隐性且稳固的储存方式。当然，那些过往经历兴许会被我们意识到、能够表达，但在信息调取方面，情绪总是先行一步，意识化的信息紧随其后或者干脆沉默不语。所以，如果我们希望降低网络色情对孩子日后的影响，当下需要优先处理色情信息会对孩子造成情绪冲击这个问题。而这个处理过程，不仅会改善他在经历色情时的情绪冲击，还会让我们有机会帮助他建立与之相关的能力，在未来遇到挑战时，让他有信心也有能力应对。

    在前面两节中，我们从情绪感受层面梳理了网络色情对家长及孩子造成的冲击和影响，并提出了相应的处理方式。

有了这个基础，平静下来后，我们便可以从理性层面探讨，如何在家庭中智慧应对网络色情挑战。

但当下的处理，并不代表一劳永逸。许多家长认为：我已经很好地调整了我的情绪心态，也按照老师建议的从孩子的情绪反应出发理解他、支持他，那孩子应该不会背着我们再去接触网络色情吧？有这样"下不为例"的想法的家长不在少数。也因此，当他们再次发现孩子接触色情时，他们便绷不住，彻底爆发了，随之而来的是困惑与愤怒：困惑自己之前所做的是不是有效、有意义的，愤怒是觉得孩子背叛了自己，辜负了自己的期待。

在前文我们曾经提到，给孩子做性教育，把讨论网络色情议题提到日程上，并不能完全防止孩子接触色情。同理，如果家长们使用我们上述讲的各种方法技巧的目标就是让孩子绝对地停止或者拒绝接触色情品的话，那后续未必能如家长所愿。因为陪孩子应对网络色情的挑战，核心并不在于"拒绝"或者"停止"，而是把应对网络色情挑战视为一个持续增能的过程。在这个持续改进和不断学习的过程中，循环往复，最终帮助孩子建立完善的性心理人格脊椎骨架，即增长孩子的能力，而非解决孩子的问题。在我们看来，孩子永远不会是个"问题"，而是正在成长中的个体。

那我们如何做到在家庭中持续增能呢？这里，我们导入一个工业领域非常成熟的戴明环——PDCA 环的概念。它是持续改进模型，包含计划（Plan）、执行（Do）、检查（Check）、处理（Act）四个步骤。我们希望通过这四个步骤的说明，让大家意识到，跟孩子谈论性议题是需要持续改进、多次发生且不断完善的。接下来，我来谈谈在家庭中谈网络色情时我们如何使用这四个步骤。

第一，计划。制定符合自己家庭实际情况的计划。

在与孩子谈论色情议题之前，需要先制定一个符合自己家庭实际情况的计划，而计划中最重要的部分是明确目标。不过，在明确目标之前，我会先邀请家长一起头脑风暴，看看自己希望达成哪些目标。在家长性教育工作坊里，当大家七嘴八舌地说出自己的目标后，我们再仔细地区分哪些是短期目标、哪些是长期目标，同时尽量避免消极目标，即"不""禁止"这类目标，而选择积极目标，即我们具体达到什么样的程度、我们具体怎样讨论话题等目标。

每一次谈论可能会有一些短期目标，但也有一些长期且重要的目标是我们需要始终坚持的，譬如：与孩子保持紧密且信任的连结；为孩子提供安全的环境，让他们能够自在地向家长表达情感和疑惑；与孩子共同思考解决方案来保证他们的安全；等等。

长期目标是我们需要始终坚持的，但每次交谈之前，我们都要有一些具体且微小的短期目标，而且最好是积极目标。这是什么意思呢？譬如我们倾向于去关注孩子有没有再看色情信息，期待的结果是孩子不再看了，这就是一个消极目标，即不去做某事则说明达到了目标，但这个目标对于孩子而言其实是非常难达成的。因为对大脑还没发育成熟的他们而言，一不小心再犯的概率实在是太高了。以戒烟为例，很多人坚持了大半年，一次复吸被发现，一不小心就"犯戒"，然后落下个"意志不坚定、半途而废"的话柄。

因此，我建议将目标调整为积极目标，即出现一些新的积极行为便可算是达成了目标。这对于孩子而言更容易实现，更容易激活孩子的自我效能感。譬如交谈之后孩子可能看了或者没看，这已经不是我们的关注重点，我们的重点转为一次交谈后，孩子是否愿意跟我们聊聊之前从来没聊过的话题，尤其是性议题。这对于亲子关系而言，无疑是具有里程碑意义的。又比如他愿意主动让渡使用手机或电脑的权力，哪怕只有一次，譬如以前睡觉前会一直玩手机，直到你开始催促或者下最后通牒，但某天孩子突然在睡觉前主动将手机放在房间外面。

类似的积极目标还有很多，需要大家根据自己的家庭情况分析哪些目标是在家中最易实现的积极目标，而且足够具体、足够微小，足够让大家关注到孩子身上新出现的积极行动。我们要对孩子的积极行动及时给予肯定和支持，这对孩子而言非常重要。父母真诚的赞许会让孩子从内心感到被支持、感到愉悦。当孩子感受好了，他们便会积极行动，于是便开启了家庭互动及孩子行为的良性循环。

第二，执行。在具体行动中去落实沟通。

有了目标，接下来谁来谈、何时谈、在哪儿谈，则是我们需要在具体行动中落实的，尤其是第一次与孩子谈论性这个敏感的话题时。谁来谈呢？当然是准备好的那个人，不只是知识层面上准备好了的人，更重要的是情绪感受层面上准备好了的人。何时、在哪儿谈呢？这取决于你的家庭安全圈。本书前文分享过相关内容，在此不做赘述。本章重点分享怎么谈，我建议大家围绕目标进行开放式交谈。当然，在交谈中我们要始终关注孩子的感受和反馈，不能自说自话，也不能将谈话变成"变相"的审问。下面这些开放式问题，供大家参考：

（1）可以告诉我你在电脑、平板电脑或手机上看到了什么吗？

（2）对于那些你在视频或图片中看到的内容，你是怎么理解的？这和你接受过的性教育有什么区别？

（3）你看过多少次这样的图片或视频？（可能需要多次问这个问题才能了解真实情况。）

（4）你是怎么找到这些信息的？是别人给你看的吗？

（5）你的内心感觉如何？

（6）你的身体感觉如何？

（7）那些画面会再次出现在你的脑海中吗？一般都是如何发生的？

（8）爸爸、妈妈或是我们怎样做，才能避免这种情况再次发生在你身上？

（9）关于电子设备，我们可能需要讨论一些使用规则。你对此有什么想法呢？

（10）你有什么问题要问我吗？

切记，不要试图在一次交谈中收集所有问题的答案，这些问题都是为你的目标服务的，每次交谈的目标微小且具体，而一个问题的提出不只是为了寻求答案，更重要的是传递给孩子一个信息：与你谈性、谈网络色情是安全的。

当然，计划再完美，没有行动都是白搭，但行动又往往是最难的。为了让对话比较容易地发生，提前演练很有必要，所以前文提到的角色扮演这个小技巧值得一试。哪怕没有办法找到戏搭子，独角戏或者在大脑中多走几遍过场，都能让你们的对话轻松一些，毕竟一次演练就是一次熟悉，一次熟悉就是一次脱敏。

第三，检查。观察和倾听孩子，而不是监察。

与孩子谈性的真实体验是一会儿"惊吓"一会儿"惊喜"。在我们准备的谈话内容之外，我们常常发现：孩子知道的比我们预计的多；孩子知道的比我们预计的少；交谈出乎意料地顺利；孩子极度抗拒和羞耻；等等。在交谈中，我们会收集很多信息，包括你和孩子对于谈论色情议题的感受，孩子对于色情信息的观看和理解情况，孩子对性知识的掌握程度，孩子对同伴邀请看色情信息时是接受还是拒绝，等等。这些或多或少会回应短期目标，我们据此可以判断孩子目前的大致状态。

谈话很短暂，但是否有效，还要看孩子日后的状态，这就需要父母们多花点心思来观察和倾听孩子了。因为谈的目的是应对而不是预防，而且我们很多父母之所以和孩子主动谈色情议题，其实是因为家里已经出现了色情议题危机，那么检查部分很重要的环节就是关注那个引发危机的事件现在发展到什么程度了。这就呼应了我们在计划中设立的短期目标，尤其是对积极目标的核查。孩子可能还是会看，但如果我们执着于孩子的"看"或者"不看"，一则这种"猫鼠游戏"会激发孩子的反抗情绪，二则这往往是以发现"负面行为"为目标的"找茬"，无法激发孩子的积极行动。

在这里，我们要特别提醒的是：我们的检查，重点是在观察孩子的情绪状况、生活状态、学业压力等，或者倾听孩子的话语，无论是生活中的小事还是面临的挑战，而不是我们监察孩子是否在继续接触色情信息。家长们小心翼翼地或者是带着怀疑去窥视孩子，很容易被孩子体会到，进而心生反感，拉开与家长的距离。

第四，处理。以同盟者的姿态，协助孩子商讨处理方案。

不过，积极目标并不代表对于消极目标的置之不理。从孩子的角度来看，对于观看网络色情的行为，确实需要父母提供一些协助，陪孩子一起战胜色情挑战。当我们发现孩子无法靠自己的力量有效应对网络色情挑战时，我们要以同盟者的姿态，与孩子商讨处理方案。注意：因为孩子的大脑发育不够成熟以及色情信息的巨大诱惑力，大多时候都会出现这种情况。

一方面，处理色情信息的源头和载体：与孩子商讨电子产品使用规则、对色情信息进行物理隔离（详见前文）、父母对自己在家中的行为进行自我约束等。另一方面，寻求一些正面积极的资源来满足孩子的性好奇心，譬如儿童、青少年性教育课堂、工作坊，性知识科普书籍、视频、动画等。

不过，在这些具体的技巧背后，我们要永远记得亲子关系是第一位的。当你真正相信孩子时，他会感受到，而这种亲子之间的信任则会推动事情向着积极的方向改变，孩子感受好了，才会有好的行为。

如果我们期待的积极目标没有出现，消极目标却时常发生，我们势必会感到挫败。但请保持自信，因为应对网络色情挑战的谈话不会立竿见影，也无法一劳永逸。

随着孩子日渐成熟以及社交和媒体环境的日新月异，孩子需要增量的、适龄的网络安全信息。当同龄人可能做出其他选择时，孩子们需要不断地鼓起勇气拒绝色情品，这时孩子特别需要父母的鼓励。孩子关于性与色情议题的困惑（这种困惑是经常发生的）如果没有得到及时正确的解答，他们可能会从同龄人那里或者网络上寻求答案。基于上述种种现实情况，对于网络色情，家中需要经常讨论、反馈和练习，即经常启动 PDCA 环。

家中经常启动 PDCA 环，主要是向孩子传递父母的开放性，表明父母愿意回答孩子对于色情议题提出的任何问题；父母愿意让家庭成为性议题和色情议题的安全讨论空间，从而让孩子有问题时会求助于父母，而非网络；父母愿意成为孩子成长路上的坚强后盾，当他被生活中的种种危机裹挟时，他会一直相信家庭能够给他支持与温暖。

S（System）：用系统视角，合力助攻

王媛

在前文中，我谈到在中学给家长们做过"陪孩子一起面对网络色情"的讲座，描绘了现场不同家长因价值观不同而对色情持不同看法的场景。在家庭里，家庭成员也会因为价值观不同而就是否跟孩子沟通色情议题产生分歧。在学校里，老师们如果遇到了学生遭遇色情的挑战，可能更难应对。我就曾遇到过一次这样的求助。

一位小学教师辗转找到我，发来两张照片，照片里是揉皱的纸团，纸团上是两幅画。一幅画着一个女孩的后面，同时有一只人手拿着一根鞭子在鞭打女孩。另一幅则画着女孩的正面，女孩的双手被挂起来，有一只人手做出伤害女孩的动作。在这幅画上，还写着"某某某死"的文字。求助的老师在微信里说道："老师，这是我们班里某个女孩

画的纸团。我惊呆了。纸上的名字是我们班另一个女孩的名字。我不知道这样的事情怎么处理。我要不要找家长？家长会不会重视这件事？我又担心家长看到这些东西后会反应激烈。"隔着屏幕，我都能感到这位老师的焦虑和担心。

的确，身为班主任的她，主要负责的工作是帮助学生在上学期间完成学业，管理好班级秩序。这类纸条所包含的信息已超过她所负责的工作内容，更别提她是否有相关的受训背景，知道如何应对了。

更重要的是，我看到老师的纠结背后，是对孩子的担心和迷惑。这个问题算什么性质的问题？是否需要找家长？如何与学生家长沟通？而沟通的结果，是有助于这件事的顺利解决还是会激化矛盾呢？

我们首先要明确一个思路：讨论学校里的色情议题时，必须结合家庭的力量，同时我们也要警惕找到家长后以直线式的因果方法来处理事情。即：谁对谁错，错的惩罚并道歉，对的接受道歉。为了让家长们更好理解采用直线式因果方法粗暴解决问题所带来的可能后果，我常常会展示这样一张循环因果图。

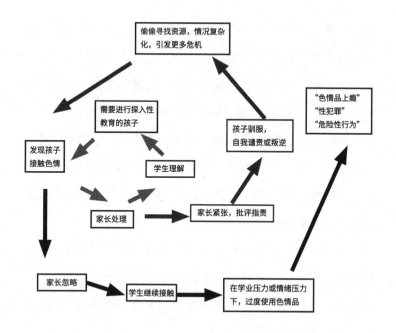

　　当我们发现孩子接触色情品时，如果我们忽略这个事实，没有跟孩子沟通，孩子有可能继续接触色情品。这些接触有可能无伤大雅，但他们在经受学业压力或者情绪压力时，也有可能过多接触色情品，从而"色情品上瘾""性犯罪"或者出现"危险性行为"。

　　同样，当我们发现孩子接触色情品时，如果我们感觉紧张和担心，通过贬低或者批评、指责、打骂等方式禁止孩子的行为，有的孩子有可能会驯服，暂时听从家长的管教，有的孩子会感觉到羞耻，对自我进行谴责攻击，也有的孩子则选择叛逆，将接触色情地下化或者公开化。他们偷偷寻找资源，让情况更复杂，由此引发的危机也更多。

但如果我们换一种方式应对，可能会有不同的结果。当我们发现孩子接触色情品时，首先要明确不在价值观层面评判孩子，而是愿意借这样的机会帮助孩子成长。家长要探究孩子接触色情信息背后所传递的需求。在跟孩子的沟通时，家长应说明色情的各种表现形式以及如何应对处理。同时，如果遇到需要进一步教育的孩子，我们可以及时寻求咨询师的介入和帮助，这样就能把孩子可能出现的危险情况转化为他们成长的动力。

由此可见，老师们在学校里遇到困境时，积极寻求家长们的参与是非常必要且重要的一条途径。同时，老师在跟家长们沟通时，可能要及时了解家长们对这类议题所持的价值观和方法。如果家长能力欠缺，不妨向他们提供如上页所示的图，让家长了解正确的应对方式，如此才能真正帮助孩子成长。

在家长了解了用直线式因果方法去解决问题所带来的弊端后，接下来该如何应对呢？

第一，一个视角——系统视角。 在家长工作坊中，我会借用遇到过的案例让家长们进行价值观练习。在不同的案例中，问孩子"为什么会这样做？"这个选项常常是家长们的首选。看来，"了解原因，解决问题"这样的线性因果逻辑思路似乎是大家的第一选择。可回到真实发生的事件中，当我们了解更多时，我们会发现事情并非是运用线性因果方法可以解决的。特别是孩子的养育，离不开系统的影响。尤其是当他们从家庭走入学校后，他们也会与众多社会因素建立联系。我们可以看到，孩子的生活不仅受家庭、学校班级的影响，还会受媒体环境的影响。每一项都有可能成为触发事件的原因，又或者它们本身就是彼此影响的。用系统的视角应对，就是深深相信，无论是行为、感受或想法、信念，一个人和其他人总是密切相关的。当我们处理与孩子接触色情品相关的问题时，我们绝不能简单地就事论事，而应用系统的视角理解他们的问题与表现，并且从系统资源寻求解决之道。

第二，一个假设——只要孩子有能力，就有好表现。我们往往会视孩子的行为问题为他们的态度问题。而孩子与性相关的问题，则更容易让我们跟价值观、道德观联系在一起。在前面的那个纸团事件中，我第一眼看到的时候，是觉得有点好笑的。那"某某某死"的文字，跟我们学生时代经历的所有诅咒文字一样。从前，这样的文字常常会出现在墙壁上，最常出现的地方是厕所门后："某某某大坏蛋""某某某吃屎""某某某跟某某某"……孩子们用涂鸦表达自己的愤怒或者对某些人的攻击，这样的情况并不少见。这背后也呈现出，这些孩子在人际关系和情绪处理方面能力的欠缺。

孩子的恶意看起来是态度问题，但背后还是能力的缺乏造成的。在这里，我们需要先放下对价值观的评判，更多地关注孩子的能力状况，他们可能是能力不足所导致的行为不良。

第三，一个评估——性心理人格脊椎骨架评估。无论是儿童还是青少年，他们都处在发展过程中。他们不仅有每个阶段独特的呈现，同时，因每个人的发展情况不同，也会呈现个体特征。在帮助孩子应对网络色情挑战时，父母不能用一个统一的标准或者方式来处理，而需要深入了解孩子当下的性心理人格状况：自尊状态/能力（依附能力）、情绪界限/能力、人际界限/能力、性知识/性议题处理能力、性哲学与价值观。通过对孩子接触色情品事件的信息搜集，评估孩子性心理五项基础能力的发展情况，可以有针对性帮助孩子建构能力。

第四，一个情境——问题所牵涉的相关人、事、时、地、物。结合孩子"落后的能力"与孩子接触色情品事件的关系，我们找到适合的介入点，不是盲目地分对错，而是在具体环境下具体分析，真切地看到在具体情境下不同因素所产生的影响。

第五，一个方案——合作求解模式。在应对挑战的过程中，孩子与大人以切合实际与符合双方需求的方式，解决问题或达成一项发展任务。父母及老师通过在系统内（班级、家庭）建立关系的方式，帮助孩子们增强能力，解决困境。

再回到纸团事件，作为性教育工作者，面对这些信息，我不免会产生许多的好奇和担心。这两个纸团上的画面信息，显然不是一个小学生应该接触的内容。我好奇的是，她是怎么接触到这类伤害虐待的画面的？当她看到这些信息时，内心的感受如何？她怎么理解这样的行为？她是怎么理解自己观看的身体反应的？当她感觉到迷惑的时候，她是否能找到帮助她厘清感受和想法的支持者？她是否缺乏更适宜的方式处理与同学的人际关系？在我看来，看似出格涂鸦的背后，却是一个接触到色情信息而无法被正确倾听的、在人际关系中充满困惑的孩子。

有时候，学校里出现的色情挑战不仅是人际关系的问题，还可能隐含着孩子们无意识的校园性霸凌。

不过，让我遗憾的是，这位老师可能通过别的方式迅速处理了问题，所以没有再来找我。通常情况下，处理的方案也许可以是线性思维的，即了解她行为背后的原因，教育"犯错"的孩子，让她道歉或者保证不再继续，同时安抚"受伤"的孩子，避免产生不必要的争执。但如果我们能稍微"麻烦"一点，从系统的视角，从家庭、老师、同学、个体等不同的视角去了解孩子当下的情况，分析她行为背后的真正需求、她的需求是用什么方式去满足的，评估此刻孩子缺乏的与性相关的能力，就是一次借助系统的力量，解决她成长中的困境，使其相关能力增强的绝好机会。

　　青少年面对色情挑战，并不仅仅是个体议题，很多时候涉及系统的影响。未成年人使用色情品，往往会让我们因各自价值观的影响，在面对如此养育挑战时，失去方寸。实际上，我们更需要的是从色情信息背后去探究孩子们传递的真实需求。同时，我们可以利用系统的力量，帮助孩子们应对色情挑战。在学校里发生的相关事件中，我们可以通过一个视角、一个假设、一个评估、一个情境、一个方案这五项解决路径，厘清问题，更好地应对挑战。

参考书籍：萨尔多瓦·米纽庆. 家庭与家庭治疗. 北京：商务印书馆，2009.

问题本身不是问题，如何应对才是问题。

——维琴尼亚·萨提亚

（Virginia Satir）

第六章

问题解答

学龄前儿童接触网络色情，
我需要跟他谈吗

王媛

云珊（化名）是一个 5 岁男孩的妈妈。当她找到我时，语速非常快，听起来焦急又紧张。她说："我今天发现小宝双手推着床，屁股做出往前推的动作。乍一看我没留意，仔细一想，感觉不对劲，顿时魂飞魄散。他肯定是看到了什么不该看的东西。我想来想去，只有老人的手机里可能存有这样的视频，担心是孩子在玩手机时无意间看到了什么，他就照模照样学着做了。孩子才 5 岁，什么都不懂，看到这些东西，觉得好玩就模仿。我要怎么跟他说，他才明白到底是怎么回事啊？另外，不知道孩子看到这些会不会产生什么伤害，心理出现偏差啊？"

近几年，在我所接触的咨询者当中，时有学龄前儿童家长。近十年，是智能手机被广泛应用的时代，也是让我们的孩子一出生便生活在海量的信息当中的时代。现在的儿童不需要什么门槛，就能接触到许多的信息。并且，手机里有各类游戏、故事、动画、视频等，所以有时候手机会成为家长们可以暂时"安慰"儿童的便利工具。如果成人不留意手机内的信息，无论孩子年龄大小，只要他有机会接触智能手机，就极有可能接触到色情信息。因此，云珊所遇到的情况，并不罕见。

当事情发生后，家长们满脑子疑问：

学龄前儿童看到色情信息，他们会理解吗？

他们接触到这类信息，会产生伤害吗？

如果会有伤害，我们怎么去跟学龄前的儿童谈呢？

学龄前儿童接触到色情信息，他们会理解吗？当家长问我这个问题时，我会反问："你认为他们的理解会是什么样的理解呢？"家长们听到这个问题，大多会停下来，满脸茫然。有的会说："是理解这个行为正常还是不正常。""那如何才算正常呢？"当我再继续询问时，家长们哑口无言，不知道如何回应了。

家长们会出现这样的反应，原因很简单：他们把孩子接触色情的视角，聚焦在孩子是否理解色情的内容以及意义、观念上了。这对学龄前的孩子来说，确实很"难"，因为这对孩子的心智是有要求的。不仅如此，家长们还忽略了更为重要的问题，也是核心的问题："孩子看到这些信息后，会有什么反应？"

感觉是人与生俱来的，无论他是 2 岁还是 5 岁。当看到这些平常难以理解的行为举止的时候，首要的并不是我们想象他们会怎么理解，而是他们当时的感受怎样、后续如何理解这件事。

这样的情况，有点类似儿童撞见了父母的亲密行为。也常常有家长询问，孩子撞见父母的亲密行为会不会对孩子有伤害。面对这个问题，我通常会回复："伤害在不在，不是他人说了算，而是当事人说了算。"有兴趣的人可以去知乎搜索"撞见父母啪啪啪怎么办"，看上千个人分享自己撞见父母的亲密行为时的所感所想。有人说，感觉受到很大冲击，发生了情绪上的冲撞；也有人毫不在意，甚至会为自己父母感情亲密感到开心。由此可见，我们不能简单地把小孩撞见父母的亲密行为归为隐性性伤害，但同时也不能忽略这的确会对孩子产生影响。

那是否需要跟孩子谈呢？我们还是回到之前的第一个问题：首要的并不是我们想象他们会怎么理解，而是他们当时的感受怎样、后续如何理解这件事。对于用语言表达情绪能力较弱的学龄前儿童来说，他们的情绪反应的呈现、现场情境的状况信息，更应该通过我们的观察而非简单的问话的方式来获得。因此，我们可以根据情境的不同，根据孩子的情绪反应来做相应的应对。

如果事情发生时父母在现场，无论是看到孩子正接触色情，还是看到他做出成人性动作，父母首先应迅速觉知自己的心理状态：当时是否受到冲击？有怎样的感受？这在前文我们也详细谈到过。接下来，父母应观察周围的环境，看其对孩子来说是否安全、是否有旁人关注。关注外在环境，是我们提前为外在环境可能给孩子后续带来的情绪压力做准备。接下来，父母要用平静、稳定的语气，转移孩子的注意力，并留意观察孩子的神情反应。如果孩子没有反应，当下的事情就暂时结束。如果孩子有情绪反应，我们应先安抚孩子的情绪。如果孩子问这是在干什么，那我们需要根据孩子的年龄做简单的解释，说这是成人的行为、这是隐私，等等。

如果这件事已经过去一段时间了，那是否需要家长旧事重提，提醒孩子呢？"看起来孩子已经忘记了这件事，生活也没有受到影响，我们就没有必要继续这个话题吧。"许多家长持这样的观点。我对这个观点一半赞同，一半否定。赞同的是，学龄前的孩子偶尔碰到这些信息，如果后续没有更多"刺激"的话，孩子是极有可能忘记的。我们再提之前遇到的事，有可能唤起孩子的感受和兴趣。但否定的是，许多家长认为这样的事情过去了，就不再提了，也忽略了孩子成长中的性教育。实际上，这样的事件，对家长们来说，与其说是挑战，不如说是一个提醒："亲子养育中，性教育已经成为不可忽视的内容。我们应该根据孩子的生理和心理的发展情况，给予孩子持续的、阶段性的性教育了。"这个功课，也许不一定要在事件发生的当下去处理，但我们对孩子的性教育一定要提上日程。

"那如果孩子持续做出成人的性动作怎么办呢？"云珊着急地询问。原来，当她看到 5 岁小孩做出性行为动作的时候大吃一惊，接下来紧张地向孩子询问到底是从哪里学来的，并且严厉地制止孩子，要求他以后绝对不能再做这个动作了。不明就里的孩子一开始被吓到了，停止了这个行为。没想到的是，没隔几天，孩子又继续这样的动作，一边做还一边对着她笑。云珊气坏了，走过去推搡了几下孩子。云珊非常焦虑："儿子从小就调皮，跟他说什么他都不听。我好怕他在家里这样做，更怕他在外面做这样的动作。"

如果孩子在事件过去后再继续做这样的动作，一方面，家长要思索一下，孩子的个性、他的行为模式、他的行为背后真正的需求是什么。另一方面，当他做这样的动作时，如果大人不是感到紧张，而是去理解和满足他行为背后的真正需求，则会减少孩子对这个行为与吸引家长关注自己之间的相关联系。

"原来是这样。"云珊有点放松了，不好意思地说，"他总是需要人陪。我在忙家务的时候，他要不是来缠着我，就是搞一些事情，让我觉得很烦躁。有时候我会发火着急。我会留意一下他是在什么时候做这样的动作的。"

学龄前儿童接触到网络色情是否会造成隐形性伤害，是由孩子的感受和想法决定的。而如何理解这件事是否有伤害，往往与当下的成人的态度、表现和处理方式有关。我们需要考虑到孩子的具体年龄、孩子的当场反应以及其他具体的情况做针对性的处理。当然，无论什么时候，发现者个人对这件事的感受和理解非常重要，只有更多地觉知，才能自然平静地跟孩子沟通，也能减少当时给孩子造成的过度刺激。

学龄前儿童接触网络色情，也许不是一个可以一提再提的话题，但它是我们家长需要重视孩子性教育的重要信号。因为虽然我们当时做了处理，但在孩子的世界里，他当时的感受和想法是怎样的，也许很难表达，也许他有的只是模糊不清的感受，但在未来都有可能在其成长经历中被唤起。我们不能时时守在孩子身边关注他们的动向，但我们可以通过循序渐进的性教育，帮助孩子建构与性相关的能力，以此完善他的性心理脊椎骨架，以起到支撑他的作用。

孩子沉迷耽美文学，我该怎么办

王媛

从我进入性教育领域，因孩子看耽美作品而疑问多多的家长就没少见过。家长们常常会有这些疑问：

"我发现孩子看耽美，不知道这算不算问题？"

"我看到孩子看的耽美小说中经常有色情内容，该如何引导孩子？"

"我发现孩子创作耽美作品，文字里也会掺杂着性描写，这会不会有问题？"

"我发现孩子喜欢看耽美，她的性倾向会不会有问题？"

我发现，提出这些疑问的家长，绝大多数对"耽美"到底是什么并不太清楚。或者有的只是曾经简单地翻阅过这类书籍、漫画，对里面谈论的男男恋爱或者动漫人物有印象。因此，要解答家长们的这些疑问，还得从回答以下几个问题入手：

耽美是什么？

耽美对青少年意味着什么？

耽美会影响孩子的性倾向吗？

耽美是否会对孩子产生负面影响？是否需要干预？如何干预？

前来求助的家长，绝大多数从未接触过耽美，直到他们从孩子那里得知时，才惊讶地发现孩子正在阅读的、乐在其中的，是他们完全不能理解的东西。那么耽美到底是什么呢？

"耽美"一词来自日文，最初源自日本近代文学，是一种反自然主义文学而呈现的文学写作风格。耽美在日文中发音TANBI，本义为"唯美、浪漫"。但逐渐地，"耽美"一词被引申为一切美的男性，以及男性与男性之间的恋爱。后来耽美被广泛用于日本漫画界的 BL 漫画中，代指漫画及其衍生物（漫画界中的小说、文章）中虚幻、唯美、浪漫的男性间恋爱。

耽美文本形式萌芽于日本少女漫画，后逐渐成为一种独特的流行通俗文本。它的独特之处在于它的内容主要描写同性（只指男男）之间的恋爱和性活动，而作者与读者大多都是异性恋女性。从某个角度来说，耽美文，类似女性们喜欢看的言情文本，只是从异性恋的恋情转变为同性之爱。它本质上还是唯美浪漫的言情文本。

如果向家长们解释，耽美文就是将男女之恋转变为男男之恋的言情文，我想很多家长便可以理解了。

当然，接下来，家长们肯定会继续问："既然是恋爱小说，为啥放着异性恋爱小说不看，非要去看男男同性恋小说呢？"

这也是当年我在撰写研究生论文时提出的疑问：

"为什么内容为男男相恋的同性恋故事会引起女性的关注？"

从宏观视角来看，国内耽美文化的发展和流行，受到大众消费社会的建立、现阶段多元文化蓬勃发展，以及媒介技术和传播手段的变革、日本强势文化入侵等因素影响。不过，这些原因可能在家长看来，会有些宽泛和不易理解。从微观视角来看，我们可以探索和思考这样的一个问题：

耽美对青少年意味着什么？

在我的青少年性教育工作坊里，我们有时会就"为什么会喜欢耽美？"这个问题进行讨论。让我们来听听青少年们是如何理解耽美的吧。

"我讨厌言情小说里的情节，里面的女主角不是白富美就是绿茶婊，男的不是高富帅就是霸道总裁。故事公式化不说，还总是男强女弱。我不喜欢这样的故事。""我觉得男男才是真爱，他们之间的感情刻骨铭心。挑战传统伦理的爱情，才是真正的爱情。"

我们从孩子们的表达中可以看到，耽美文本没有传统男女恋情公式化的叙事模式，更重要的是挑战传统伦理时给阅读者带来的快感。从某种意义上，这非常符合青少年天生"叛逆""反抗"的一面。

"我的好朋友们都在看耽美，如果我不看，就没办法跟她们聊天了。""自从我被好友推荐了耽美后，就上头了，实在是太好看了。""一开始大家喜欢读，我自己也尝试着写耽美。没想到朋友们看了后非常激动，天天追着我更新。"

从这里我们可以看到，对于孩子来说，耽美文化的流行是青少年亚文化的呈现，也是他们独特自我以及与大众主流文化分化的表现。

"接触耽美时间久了之后，我深深喜欢上了这些或欢快或伤感或伪纪实的耽美小说。耽美给我提供了一个幻想的空间。我能感受到，耽美的那些文字会一直陪伴着我，不论我开心还是难过。""写耽美的那段日子我过得很开心。每天放学回到家，我就坐在电脑前，写得不知道疲倦。失恋的烦恼、生活的压抑，统统远离了我。"

从她们的文字中，我们看到，青少年们利用阅读和写作耽美小说，疏解了自己在生活中遇到的沉闷和委屈。也有人通过写作耽美小说得到了肯定并重新认识了自我，而且这个自我是积极向上的，而非虚幻压抑的自我。

如果我们认真地去听孩子们说，可能会消除许多困惑和疑虑。

至于家长担心的"耽美会影响孩子的性倾向吗？"这个问题，我在硕士论文里也研究过。通过收集和分析几百份耽美读者的调查问卷，我发现：阅读耽美文本的受众，以异性恋女性为主，也不乏同性恋和双性恋者。部分受访者认为，自身性倾向会受到耽美文影响，但只是极少部分的受访者。大部分受访者表示，通过阅读耽美文本，他们从完全没有考虑过自己的性倾向发展到开始考虑并思考自己的性倾向。并且，所有的受访者都接受性别并非二元的想法，认为通过阅读耽美小说更能体会并且理解同性恋的处境。从这个角度来讲，是否阅读耽美，对性倾向的影响不大，但确实会影响读者对性别的理解。

解答完以上家长们的问题之后，我猜家长们还是会充满担忧：孩子喜欢读耽美，我们是否要干预？如何干预？

在这里，我想家长们在着急如何引导孩子之前，可能更需要问自己：

"为什么要引导孩子？你的目的是什么？"

前来咨询的家长，常常会回答：

"我希望孩子专心学习，我感觉她们喜欢耽美会沉迷下去，影响学习。"有这样疑虑的家长们似乎比较容易得出这样的因果判断：孩子因为阅读耽美成绩下滑，所以我们减少她们的阅读时间，她们的成绩就会提升了。可当我再继续询问"禁止孩子的爱好和娱乐，是否可以提高孩子的学习成绩"时，家长们就没那么笃定了。

"耽美小说里常常会有色情信息，我担心她沉迷于色情。"这个问题显然就回到了本书的主题了。如果是受色情的影响，我想家长们可以参考本书内容来帮助孩子应对此刻所面临的挑战。

"我担心孩子的性倾向会受耽美的影响。"且不说没有任何研究能笃定地确定性倾向是受基因还是环境的影响，就耽美在日本和中国数十年的发展，我们已经可以看到，它的影响更多的是让人们开始思考性倾向并更为积极地接受多元性文化。

让我们再回到"孩子喜欢耽美，我该怎么办？"这个最初的问题上，也许问题更应该是："孩子接触到我没有接触过、我无法理解的东西时，我用什么样的感受、什么样的价值观去认识它？"恐惧和担心往往来自未知。与其一味禁止，不如借这个机会，踏入这个未知的世界，去聆听孩子的心声：沉迷于耽美是因为对爱情的好奇和探索，还是源于与同伴的交往和友谊，或者只是在学习压力下的逃避和疏解？

担心孩子接触耽美的问题，本质上仍是亲子连结的问题：我们是否随着孩子的成长而成长？在孩子喜欢热爱的领域中有我们不能理解的部分，我们应该如何倾听、如何表达、如何涵容协商？

前文中我们提到，耽美文本中的男男恋爱与传统的男女恋爱叙事不同，让读者体验到挑战伦理的刺激，呈现了青少年天生叛逆的一面。耽美文化因其流行文化属性，成为青少年团体喜爱的文化之一。也有部分青少年通过阅读耽美疏解在生活中遇到的沉闷和委屈，或是通过创作耽美作品，得到肯定，重新认识自我。对于处于青春期的青少年来说，对爱与性的探索是发展的重要主题。阅读耽美能让青少年开始思考性倾向并更为积极地接受多元性文化。

正如前文所言，对孩子阅读耽美产生困惑和担心，本质上仍是亲子连结的问题。如何真正倾听孩子的心声，如何用积极的表达让孩子看到父母，并从容发展自我，才是耽美带给家长们最大的挑战。

我曾因孩子看色情品恶语相向，如何修复亲子关系

王囡

"我从没想过自己会对孩子说出那样的话。看到他电脑里存着那么多脏东西，我脱口而出'不要脸'这样的词。当孩子听到我这么说后，他眼里的羞愧和悲伤我现在都忘不了。后来我没再发现那些东西了，但我觉得孩子也跟我有距离了，现在就是吃饭时说几句话，其他时候他都不怎么说话。以前他可不是这样啊！"

咨询室里的妈妈回忆起撞见儿子看色情品的事情时，心情久久不能平静。

在前面的章节中，我们讨论了网络色情的预防和应对，但无法回避的一个现实是，很多家庭其实已经与网络色情有过正面交锋了，而且在与孩子沟通时，有些父母在焦虑情绪

的驱使下表现得不太冷静，批评了孩子几句，如"我真不敢相信，你竟然看这种东西？！""你背着我们看这些脏东西多久了？"等等，加之略带震惊和厌恶的表情，让孩子意识到自己似乎成了"流氓"。

父母对于孩子看色情品脱口而出无心恶语，大多源于内在性价值观的冲突。孩子的性好奇与自己经历的性污名经历紧紧捆绑在一起，导致父母对孩子在言行抑或态度上批判居多，从而破坏了亲子关系。然而父母冷静下来，关切之爱涌起，又悔不当初。那么遇到这种情况，该如何修复亲子关系呢？这正是我们本节要讨论的话题。

在养育孩子的过程中，我们大都经历过孩子行为不当、我们的处理方式也很难说得上恰当的情况，毕竟大家都是肉体凡胎，大多也是第一次当爸妈，都带着过往经历的性污名印记，情急之下靠惯性处理实属正常。育儿书上的处理方式是理想情况，而面对生活中的鸡零狗碎，对待孩子时有些情绪、行为有些失控都是可以理解的。好在亲子关系是有弹性的，犯错会稍微拉大我们和孩子的距离，但犯错后及时修复又会重新拉近我们和孩子的距离。而且可以说，这样经历过风雨的关系更有韧性，更经得起日后生活中的种种考验。

所以，对于本节主题，我将重点放在如何充分利用"犯错"，进而提升亲子关系上。亲子关系永远是亲子之间最需要关注的因素。在分享具体方案之前，我们先了解以下几点：

一是从孩子的角度理解这一切。 孩子对接触网络色情的刻意隐瞒，有可能是担心向爸妈和盘托出自己的行为会招来惩罚；也有可能是他们对观看网络色情品这件事感到羞耻，但同时又被其激活的愉悦绑架；还有可能是他们在生活中积压的情绪和压力，只能通过观看网络色情品来宣泄。孩子观看色情品是一个行为，但其背后动机又各有不同，透过行为表象看到孩子的真正需求，是陪孩子一起应对网络色情挑战的基石。

二是成为亲子关系中的主动方。 身为父母，遇到孩子偷偷看这些"乌七八糟"的东西感到愤怒、挫败非常正常，毕竟我们对孩子有着天然的信任，而孩子这样的言行又无疑折损了我们对他们的信任。与此同时，我们那些下意识的过激言行、严苛的批评反过来也破坏了他们对我们的信任，似乎恰恰印证了孩子们内心的想法："确实不能让我爸妈知道，知道就是这个后果！"孩子们相信父母一旦知道他们看色情品，自己就"完蛋了！"。因此，亲子关系的两端都受到了伤害，而在这种情况下，作为成年人的我们，更应当成为主动修复关系的那个人。

三是从你的错误中学习。 父母犯错的一个好处就是，可以为孩子创造一个绝佳的学习机会，至少有机会向孩子展示如何在伤害某人后主动修复与对方的关系。我们放慢脚步、承认自己的错误并请求孩子的理解和原谅，身体力行地向孩子展示犯错后的真诚姿态、我们对于关系的在乎，这可比孩子们在书中或者课堂上学到的生动多了。

四是超越错误会让亲子关系更近。我们经常在影视剧中看到冲突双方通过沟通冰释前嫌，反而关系更近的暖心结局。事实上，艺术源于生活，这种情况也确实会发生在亲子冲突之中。在某种程度上，亲子之间往往可以通过这样的艰难时刻让关系更加紧密。当我们作为父母，为某些事情道歉时，这一主动"认错"的行为其实有助于孩子为自己的不当行为负责。我们可能说"我这样大喊大叫是不对的"或者"很抱歉我说了那样的话，看色情片不会让你成为坏人"。孩子听到我们承认错误的最大价值是，他们会认识到：犯错是人之常情，犯错并不会破坏亲子关系。

五是反思自己的性价值观。网络色情有别于其他亲子冲突问题的关键点在于，它很有可能激活了我们内在的性价值观，而这性价值观显然与孩子所做之事冲突巨大。所以，如果可能的话，我们需要反思一下自己的性价值观，至少就色情议题去思考："色情片意味着什么？一个孩子看色情片又意味着什么？当我想到这些问题时，我的心里有何种感受？我是从何时有这种想法的？这些想法又是从何而来的？"当然，思考性价值观不是单单解答这几个问题的事，如果有可能，可以与专业人士探讨，会让你有意想不到的收获。

当我们对以上几点做过思考之后，接下来可以考虑采用如下五个步骤来修复亲子关系：

（1）**冷静**。在试图修复已经造成的伤害之前，我们需要平复情绪并深呼吸，在冷静下来之前不要采取更多行动。因为热处理往往会让人更轻率、带有情绪，使结果适得其反。

（2）**承认我们的错误**。孩子需要听到我们真诚地说"我犯了一个错误"。当然，我们希望他们有一天能够对我们说出同样的话，所以不妨向他们展示这一切是如何发生的。犯错很正常，承认错误更是没什么大不了的。

（3）**询问孩子有何感受**。毕竟孩子经历了我们的雷霆震怒或者羞辱失望，他们也有权利表达自己的感受，即使我们很难静下来倾听。但当他们这样做时，我们至少让他们表达出来，而不是固执地为自己的立场辩护。

（4）**重续关系**。孩子需要从我们口中知道，比起那些不恰当的行为，我们更在乎与他们的关系。看色情片的事情可以稍后处理，但不论如何，我们都会一直爱他们。

（5）**共度时光**。尽量多找机会和孩子共度时光，做些大家都感兴趣的事情：玩电子游戏、散步、享受烹饪、打球或扔飞盘等等。这样做的目的是，我们不只是在语言上表达爱，更是通过行动告诉孩子我们一直爱他，愿意与他一起消磨时间，因为他永远值得我们花时间。

我们当然希望当机立断，采取各种各样的措施来避免孩子再度陷入色情危机，但当亲子关系出现裂痕时，这一切措施都可以等一等。需要优先处理的，永远是亲子关系。当孩子足够信任我们，当亲子关系拉近且有了足够的韧性，我们便拥有了处理网络色情议题的最佳武器。因为信任，孩子会在需要帮助时找到你、靠近你，向你开放，因为不管他遇到何种挑战，你都会让他感到足够的安全。

十多年前，我从一个成绩起伏不定的高三生，一跃成为高考黑马，事后总结经验，我做得最棒的一件事就是认真做错题本。我将每次模考出现的错题（除了粗心导致的错题）整理到一个本子上，分析原因并思考解决方法。这样做之后，同样的错误我基本上就再也没有犯过。这样做的好处是显而易见的，一方面，错题越做越少，因为提升的是方法；另一方面，出现了错题我也特别开心，因为我会很快搞定它，确保不会再犯。

当下的大多数父母承载着社会、工作、家庭的重重压力，养育中情急之下对孩子恶语相向在所难免，那么与其自责，不妨将这样的"犯错"看作一次宝贵的成长机会，在家庭中练习对犯错的涵容、练习承认错误、练习及时修正错误。这种积极应对的姿态，会被孩子感知和学习到，也毫无疑问会让他们受益终身。

孩子受色情品困扰却说不需要帮助，怎么说服他

王囡

从事家庭教育及心理咨询这么多年，我遇到了很多父母，他们愿意为了孩子去读书、学习、咨询，愿意调整自己既有的知识框架和价值观。这些行为深深打动了我：一方面，我感慨亲情的力量，能够让大家为了保护孩子，学习这么多也许根本不会派上用场的知识；另一方面，我心里也在打鼓，我们准备得这么充分，一上"战场"就可能会发现，孩子根本不领情。这可怎么办啊？

父母的热心帮忙遭遇孩子"冷遇"其实是常态。我们稍微回忆一下养育孩子的过程，包括让孩子坐安全座椅、让孩子少吃糖果、哄孩子睡觉、引导孩子别在马路上乱跑等等。明明是为了孩子好，可他偏偏要跟我们对着干，搞得我们又气又急。所以，帮助孩子应对网络色情会吃闭门羹，也就是

显而易见的结果了。

我想到了第一次和女儿因为安全座椅产生的拉锯战。对于新装好的安全座椅，小朋友感觉新鲜，乖巧地坐了两回。我当时感慨她真是个懂事的小孩啊，可是很快遭遇打脸。有一次我着急带她出门去打疫苗，结果她的小屁股刚挨着安全座椅，她便开始疯狂扭动，似乎全身的每个细胞都在抗拒坐进去。我眼瞅着预约的时间快到了，但满脸通红、嗷嗷乱叫的小朋友已经完全失控，根本没法与她商量，无奈之下只好让她坐在我怀里。我用安全带绑住我们俩，她才算安静下来。但我真的气坏了，挫败感飙升。我试着用尽量克制的大嗓门对着她吼了几句："妈妈希望你知道，坐安全座椅是为了保护你自己。请不要再胡闹了，乖乖坐进去，而且我们很着急，快要迟到了。"

现在想来，对着1岁的小孩讲这些大道理，又要让她坐进硬硬的安全座椅里，她必然会抗拒吧，更别说要去打疫苗。但是，当时的我，血确实直接飙到脑子里去了。理智的成年人大脑只想保护她，让一切正常运转。但事实是，没有什么比蹒跚学步的孩子更让我感到无能为力了，除非她想坐进去，否则她会抗争到底。而且，这种拉锯战几乎常常在家中上演，孩子们真是坚决捍卫自己的主权啊。

但冷静下来想，孩子捍卫自己的主权这件事，又是完全可以理解的。我们作为成年人又何尝不是如此？在网购、戒烟、健身、玩手机这些事情上我们反反复复，身边人再怎样劝说，都敌不过我们的一句"我愿意！"。所以，回到网络色情这个话题上，我们发现其实父母往往比孩子更关心避免受色情品的影响。尽管有些孩子可能已经接触色情信息了，有些没有，但对于父母而言，孩子对于网络色情是茫然无措的，这种让自己茫然无措的紧张感非常真实。我们知道什么对孩子有好处，但他们并不总是愿意接受或根本不在乎我们的帮助。于是，我们进退两难：要么违背孩子的意愿将其拉入战斗并承担后果；要么放任他们顺其自然并自食其果。

坦白来讲，不管哪种方式，都有些不妥：一方面，期望孩子健康成长，违背其意愿而将其拉入网络色情战斗中，可能会让亲子关系受损，助长孩子怨恨父母的情绪，抗拒或回避与父母沟通；另一方面，给予孩子足够的选择权，让其按照自己的意愿来自由联网，父母也真的担心孩子受到网络色情的戕害，尤其是各国不断爆出的真实N号房事件。那么，当孩子不配合我们应对网络色情的行动时，我们能做些什么呢？

当这个问题抛出来时，我们会发现，在陪孩子应对网络色情这件事上，我们希望达到的目标是"既……又……"，即"既能够有效防范网络色情危害，又能够确保亲情稳固"。那么有没有可能实现这个目标呢？其实有一条中间道路，那就是专注于亲子关系，让亲子关系融洽成为养育的最高目标。

如果孩子确实不愿讨论色情内容，强扭的瓜不甜，不妨将重点放在培养亲子关系上。这样做的原因有两个：其一，对养育者的安全依恋是儿童提升复原力的最有效因素之一，是战胜性议题挑战所需的关键武器，实际上也是帮助孩子解决生活困境的绝佳资源。当孩子表示抗拒，而我们陷入和孩子谈或者不谈网络色情的矛盾中时，试着跳出来，尝试从外部视角去思考这个问题，即通过将注意力从色情议题转移到亲子关系上来预防网络色情侵害。其二，即使孩子拒绝按照你提出的关于性议题的建议和标准生活，至少他们不会同时被网络色情和孤独感所淹没，因为他们知道父母永远在身边支持他们，给予他们安全感。所以说，专注于亲子关系要么能解决问题，要么能减少网络色情导致的危害。

那么，当我们将思考的角度从谈网络色情，调整为改善或者增强亲子关系时，我们的思路一下子就拓宽了。关于改善或者增强亲子关系，我在这里分享三个简单的方法。

一、共度亲子时光

想想你和孩子有哪些共同的兴趣爱好，然后安排属于你们的特殊时光，不管是共享美食，还是一起户外骑行，抑或共同欣赏一部电影。在青春期到来，孩子弃你而去、找他的同龄人玩耍之前，尽可能与孩子一起消磨时光，越多越好。我们现在常听到"高质量陪伴"这种说法，高质量陪伴的基础是给予孩子足够多的时间，全身心与他们在一起，让他们感到自己值得父母花时间，值得拥有父母无条件的爱。

当然，有些人会说小时候陪伴得少，现在发现和孩子没啥共同兴趣爱好。这一点其实不用太担心，因为兴趣绝对是可以发现或者培养的。如果我们暂时放下自己的执念或偏见，带着好奇心去观察孩子的生活，会发现孩子的兴趣爱好也能打动我们，久而久之，亲子之间的共同话题会越来越多。

二、谈论他们的兴趣

我在咨询室会遇到因为各种问题前来寻求帮助的大学生。透过这些问题的表象，我发现他们无一例外，都希望在自己的成长过程中，父母能够多听听自己的心里话、多理解自己，但父母总是因为各种各样的原因，没能听到孩子的声音。

当然，青春期的孩子往往更关注自己的内在世界。如果我们试着靠近孩子，去发现和认识他们的生活，看看孩子在玩什么电子游戏、听什么歌曲或者听听孩子吐槽，当一个好奇的父母，去探索孩子的世界，不带评判地倾听孩子的热情、喜欢的明星、朋友的八卦等，那么我们与孩子会日益亲近。兴趣源于感情，感情衍生于渴望，谈论孩子的兴趣是一种更接近孩子心灵的方式，而且走进孩子的心灵世界，说不定还能重燃我们的青春热情。

保持倾听，或者至少与孩子保持双向交流，能够为孩子提供一些基本的心灵防护。这里要提醒大家的是：一些父母往往一不小心就陷入说教模式，这会让谈话变得压力重重，容易让孩子闭嘴和关闭心门，所以提醒大家，在交流时尽可能多听少说。如果孩子拒绝交谈，也可以尝试和他分享你的生活。你的生活阅历可能会帮助孩子对这个世界多些了解，或者至少拉近两个人的距离。

我们需要关注的重点是：交谈的目的不是给孩子灌输知识或你的价值观，而是为了拉近两个人的关系。当关系近了，你们便有可能打开更多话题，从学业、身材、交友等，到他的兴奋愉悦、孤独或者沮丧等。最终，你们会更容易打开关于性议题的话匣子，让你们一起应对网络色情挑战成为可能。

三、明确界限和期待

最后要分享的一点是，无论亲子沟通状态如何，在家庭中有明确的界限和期待是非常重要的。孩子在成长过程中获得明确界限时，会有三个显而易见的好处：提升自我意识、加强自我控制和建立良好的人际关系。

当家庭界限缺失或混乱时，孩子会通过各种"越界"的行为来试探父母的边界。即使那些被孩子描述为"非常严格"的父母，有时也会有不明确的界限。这些孩子可能知道他们经常让父母失望，但却不太知道什么行为是被允许的、什么行为是被禁止的。所以，在家庭中，我们除了告诉孩子家庭规则外，还要告诉他们如果不遵守这些规则，会发生什么。譬如，如果孩子违反家庭规定，偷偷在被窝里玩手机，你会怎么做？你什么时候拿走手机？你会拿走多久？如何处理才能让孩子明白是他不遵守家庭规则，而不是单单玩手机这件事把你给惹毛了？把这些理清楚对维持良好的亲子关系是非常有帮助的。

当我们制定家庭规则时，孩子很有可能会抱怨，但大多数孩子都会适应。当孩子确切地知道什么可以和什么不可以时，就会感觉环境稳定且可预测。这会让孩子觉得安全，而这也为孩子提供了做出明智选择和学习决策所需的有用信息。

当我们将重点调整到提升亲子关系上时，我们有了更大的发挥空间，但提升亲子关系又是一个缓慢的过程，对于应对网络色情挑战无法立竿见影，这可能会让一些急于解决问题的父母干着急。

不过，我建议大家乐观地看待这个事情，因为：一方面，亲子关系的建立其实从很早就开始了，当下的每一步都是做维护和完善，绝非零起点；另一方面，从根本上来说，网络色情议题其实是关系议题，和孩子与自己的关系以及孩子与他人的关系相关。所以，在家庭中，打好亲子关系的基础，才是根本意义上的"良币驱逐劣币"，大家觉得呢？

孩子因为网络色情变了，
需要带他看心理咨询师吗

　　很多时候，当网络色情引起家长注意时，孩子大多是这些状态：也许他沉醉于网络色情很长时间，只是机缘巧合被父母发现了；也许父母没有发现孩子接触网络色情，但孩子出现了其他征兆，譬如情绪、行为异常，引起了父母的关注。但对父母而言就一句话："我的孩子好像……变了。"这时，父母会有各种情绪和行为反应，如果其身边恰好有位从事性教育的"专家"，那么他们大概率会向对方发出求救信号，尤其是在焦虑无法遏制的深夜或清晨。

　　当家庭遇到养育危机时，寻求帮助是当代小家庭的明智之举，而且我们也确实能在生活中找到各种各样的意见领袖。但凡事过犹不及，如果事事向专家求助，一方面会加重家庭养育的财务成本，另一方面会让父母在养育孩子的过程中对自己逐渐失去信心，更找不到养儿育女的真正乐趣。

"最近感觉我家孩子非常奇怪，鬼鬼祟祟的，一番暗中调查后，我发现他一直在网上搜索色情内容。我真是又气又怕，该怎么办啊？"因为做性教育，我经常能从心烦意乱的父母口中听到这样的求助。尤其是大规模上网课的岁月里，网络色情危机几乎成了父母们的普遍困境。

站在当下，身为父母的我们确实需要考虑如何有效利用资源，来最大限度地降低网络色情对孩子造成的影响。那么，这里的资源主要指什么呢？除了市面上与性教育相关的书本外，还包括但不限于以孩子为主体的性教育课程及心理咨询、以父母为主体的亲子咨询，以及以家庭为主体的家庭咨询。

实际上，我认为帮助孩子应对网络色情所需的大部分工作都可以而且应该在家中完成。即使在为深陷网络色情困境的孩子提供咨询时，我也会鼓励父母参与，将孩子的个人咨询与家庭咨询相结合。不过这些都是后话，在真正讨论咨询之前，我们需要先理清楚这几个问题：

第一个问题：你的家庭是否需要心理咨询服务？

你可以进行如下思考：

（1）孩子经历过创伤性事件吗？孩子天生好奇，对身体和性感到好奇实属正常，但孩子生活中的创伤性事件可能会造成其内心的痛苦，导致他们想出一些策略来减轻痛苦。在某些情况下，接触色情品成为应对策略。如果孩子经常沉迷于色情世界，并且他有过较为严重的创伤性事件，那么专业的心理咨询可能有助于疗愈孩子的创伤。

（2）孩子是否一边说会对你坦诚，一边却守口如瓶？如果存在这种情况，大体有两个原因：也许孩子体验到了深刻的羞耻感，从而想要不顾一切地避免让父母失望；也许他们实际上想要继续这种行为，并且正在隐秘地阻止父母采取更多措施来干预自己。如果存在这两种情况，那便需要求助心理咨询了。针对第一个原因，没有外界帮助，孩子很难应对羞耻感，而且很多孩子之所以感到羞耻，其实是因为他们来自"容易感到羞耻的家庭"，也就是说不仅是孩子，还有整个家庭系统，需要外界帮助才能更好地处理羞耻感。针对第二个原因，养育这样的孩子可能会比普通孩子更具挑战性，他们似乎天生就希望有选择权和控制力，并且可能会拒绝父母在处理色情问题时提供具体或者支持性帮助的尝试。在这种情况下，心理咨询会侧重于帮助父母调整与孩子之间的界限，尽可能支持孩子拥有选择的掌控感，但同时要想办法保证他们的行为安全，并尽可能使其符合家庭规则。

（3）孩子是否一直在观看暴力色情、儿童色情或其他更不正常的色情内容？色情内容的范围非常广泛，从包含裸体的静态图像到视频和其他形式（如动漫或游戏）。其中展示的各种暴力或极端性行为，会让观看者感到困惑，尤其对儿童有害。如果孩子已经接触过一些限制级的色情内容，我比较建议至少进行一次父母参与的亲子咨询，以评估是否需要通过专业心理咨询来解决这个问题。

（4）孩子是否存在伤害其他孩子的风险？这个很难确定，但如果孩子一直在向其他孩子展示色情内容，或者你怀疑孩子有可能对其他孩子开展性探索，我建议你去找专业心理咨询。虽然儿童间的性伤害并不总是与色情直接相关，但两者有很强的联系。这种情况下的处理可能显得过于谨慎，但不失为明智之举。

第二个问题：如何在家中采取一些有效措施，帮助孩子与网络色情保持距离？

其实通过前面的分析，我们会发现，大多数孩子不需要专业咨询，他们需要愿意在养育上花心思和持续学习的父母，需要情感支持，需要一个能够直面羞耻感和谢绝完美主义的家庭，需要界限和信任。这些家庭养分，再加上一些技巧，足够帮助孩子们顺利度过网络色情危机。接下来，我分享一些小技巧，这些小技巧在前面的章节中已讲述过，在此简单做些复习。

第一个技巧：当网络色情还没有成为家庭问题时，可以为孩子设定电子产品的使用规则，将之与家庭规则、父母界限放在一起，全家遵守，明确违反规则的后果，并严格执行。例如，晚上不要把手机放在卧室里。如果孩子违反这个规则，后果可能是孩子在一段时间内无法使用手机，而且这个规则需要全家遵守。

第二个技巧：帮助孩子养成健康的生活方式，鼓励他们与朋友积极交往、开展运动、发展兴趣、学习新技能等。当孩子有更多健康的方式来感受周围世界时，他们就不太会迷失在网络世界中。

第三个技巧：帮助孩子学会处理各种感受。孩子们需要学习如何处理痛苦、羞愧、愤怒等情绪，以及学习如何建立健康的关系。作为父母，应该尽我们所能创造这样的机会，通过绘本共读、情景演练、儿童情绪桌游等各种方式，教给孩子必要的技能，支持他们以健康的方式生活。

第四个技巧：定期向孩子提出问题。当然，要以一种轻松坦诚的方式来沟通，以下问题可以作为参考："你在什么时候发现自己最喜欢看这类内容（一天中的某个时间，还是感觉有某些情绪或独处时等）？""当被这类内容吸引时，爸妈可以一起做些什么来帮助你保持安全？""我们讨论过的哪些策略有帮助、哪些没有帮助？"

第三个问题：如何找到适合自己家庭的心理咨询师？

如果确实需要求助心理咨询，寻求性教育专家的帮助会更有针对性。如果当地无法找到这样的资源，可以通过网络咨询来解决，这也是我们用"魔法"打败"魔法"的原意。网络只是工具，我们可以用一些正面积极的力量，消解掉那些潜藏于暗处的破坏性力量。当然，如果需要线下咨询，建议寻找一些当地比较权威的机构，譬如所在城市精神卫生中心或三甲医院的心理门诊，以及认可度比较高的心理咨询中心。但要注意，尽可能寻找一些能够处理儿童、青少年性问题的心理咨询师。

在实际的咨询中，可以关注这两点：其一，尽量要求在正式咨询前，与心理咨询师有个简短的会谈，就一些基础性的问题展开沟通和问答。这其实是为了彼此增进了解、建立连结。咨询毕竟是人与人之间的工作，融洽的咨访关系是取得良好的咨询效果的前提，而且大多数优秀的治疗师都会接受这个要求。其二，尽可能选择有目标和计划的心理咨询师。如果咨询师每次都问及你的感觉、明确咨询的目标以及采取一些恰当的干预措施，同时积极寻求家庭的反馈，那么这样的咨询大体是循证且清晰的。心理咨询师对于咨询进程大体心中有数，会知道哪些干预措施可以帮助孩子和父母朝着既定目标努力。

在家庭中应对网络色情危机，对父母而言是非常有挑战性的，但行动总会带来改变，哪怕只有 5% 的改变，都会引发涟漪效应。从此刻开始，父母要自我学习，与孩子保持沟通，提升影响力，孩子则会在父母的帮助下，顺利应对成长挑战。

当然，现代社会的快速发展以及家庭单元的逐渐缩小，导致我们这一代父母承担较以往父母更大的压力。当遭遇养育挑战时，核心家庭过小导致系统脆弱，很容易爆发危机。这个时候，将家庭交给专业机构，刚开始可能会让父母感到不知所措，毕竟打破了原有的稳定系统。但适应之后，父母会发现，专业机构的介入确实可以大大缓解养育孩子的过程中的张力，更有效地帮助家庭应对养育危机。

家庭永远都"知道"自己想要去的方向，只是航行中会偶遇暗礁，乱了方寸。心理咨询则是罗盘，陪伴家庭一起应对这些暗礁，帮助家庭更加顺利地抵达那个属于他们的远方。

家庭与自我:
在迎接网络色情挑战中成长

王囡

　　这本书是由两个经历迥然的女性所写:王媛,70后,出生于西南小城,从小"叛逆"且"热情"地生活,经历过几次职业变迁,最终在性教育领域深耕细作;王囡,80后,出生于西北农村,从小顶着"学霸""乖乖女"光环长大,经历过行伍岁月,最终在体制内高校定心做咨询。但我们却有一个共同的身份:母亲。这个身份让我们对家庭性教育有了独特的理解和思考,于是有了这本书。

　　为本书起名伊始,"用'魔法'打败'魔法'"几乎是王囡脱口而出的,而王媛未假思索便同意了。本来以为这又是心照不宣的默契,结果写后记时一沟通,两人的理解非常不同。王囡的理解是:从技术角度去看,用网络之积极、正面的力量打败网络之幽暗、负面的影响。王媛的理解是:用爱的魔法战胜亲子养育对网络色情的恐惧。两个成长、生活经历迥然不同的母亲有此差别实属正常，但这看似不同的理解背后，实则有着相同的思考脉络。只是王媛讲的是道，是用爱的发心来战胜恐惧；王囡讲的是术，是用日益更迭的网络技术各个击破。但我们深知，应对网络色情挑战，道与术互为依存，缺一不可。

视角不同的我们不约而同地观察和体验到，许多人成为父母后，"焦虑"便如影随形。从备孕、怀孕、生子，到照顾孩子吃喝拉撒，再到孩子进入幼儿园、小学、中学……毫不夸张地说：大部分家长在面对孩子的每一段人生旅程、每一次环境变化时，都是摸着石头过河、惶惶然应对的。也正因为如此，对父母而言，相对陌生又禁忌的性教育，更为敏感的"色情"议题，会令父母深感茫然无助。

"做父母真的太难了！"这是许多家长开口的第一句话，其间包含着种种复杂的情绪。有的是感慨："我们的父母把孩子拉扯长大，供孩子读书就已经很不错了，哪里会管我们的性教育？"有的是疑惑："以前我们的父母没怎么关注我们，我们不也成长得很好吗？"也有的是无奈："从备孕就开始做攻略，哪想到一出生就开始一路打怪，养娃学习之路啥时候是个头啊！"更多的是无助："家庭教育的书看了、课也上了，感觉自己做什么都不对、做什么都是错，唉……"

每当听到家长们的这些话时，除了情感上的共鸣，我们更有深深的感动。

也许，他们中的某些人在做子女时，并没有被很好地养育，或者没有从自己的父母身上学习到很好的养育孩子的经验。但那些过往经历的遗憾也好、挫折也罢，都转化为动力，促使他们想成为优秀的父母，来养育好自己的小孩。然而，这份对自己美好的期待，却很容易在养育孩子的现实冲撞中，转化为焦虑。与此同时，更考验人的现实情况是：当孩子出现了某种"问题"时，各种指责批评父母的话语铺天盖地而来，让家长们更加如履薄冰、不知所措。

内疚、懊恼的确会激发出家长的学习动力，就像当年中途转场、进入家庭性教育领域的我们一样。很长一段时间里，我们在养育孩子的过程中对孩子过度呵护、百般谨慎，翻看各种教科书，希望能找到正确的方法或者规范养育孩子。但实际情况却是：在养育者的紧张焦虑之下，孩子也开始不安起来。

在性这个领域，传递焦虑实在太简单了，也许这是很好的做市场的推广助力。但无论是作为母亲的我们，还是身为性教育讲师／心理咨询师的我们，都无法通过批评和谴责，或者恐吓的方式，让家庭进入这个课堂。

真正促使我们撰写本书并邀请大家进入这个领域学习的原因，是我们深深知道，在养育过程中遇到的种种挑战和冲突，都将成为我们强化亲子关系、成就自己和孩子的最佳工具，也就是常说的挑战背后必有机遇。因为我们深信：孩子们接触的色情不是问题，而是他们成长过程中的助力。请各位也深信这一点。

不要将性的挑战定义为问题，而应将其看作父母与孩子们一起成长的机会。在孩子应对网络色情挑战时，我们要评估孩子可能缺乏的相关能力，进而知道如何帮助孩子建构这些能力，来应对未来可能出现的其他挑战。同时，借由这些性的挑战，我们也对色情议题、对性教育有了深刻的认知与理解，懂得如何从容应对。

既然是成长的机会，就要放下对当下困境的执着。也因此，我们有机会看到：孩子面临的挑战，不是问题解决式、挑战应对式的，而应把它视为一个长期发展的概念。我们的老师吕嘉惠提到——生命是一个不断学习的过程，而这些挑战正好促使我们把视野拉大。我们看到的不是问题，而是帮助孩子建构他们所需要的能力，让他们拥有自己想要的人生的机会。

性教育是爱也是传承，聊性教育中不可或缺的网络色情议题也是如此。

联合国教科文组织在 2018 年《国际性教育技术指导纲要（修订版）》中提到，其以权利为导向，强调包容、尊重、平等、同理心、责任和互惠等价值观，并强调这些价值观与人权密不可分。其具体的内容由八个核心概念组成，每个核心概念又根据孩子的心智发展情况分为四个年龄段。这八个核心概念中的首要概念就是关系中的家庭。

虽然我们可以在性教育课堂中，同孩子讨论家庭类型，认识家庭成员的角色和责任，让他们意识到父母和监护人影响着他们的价值观建构，但这些都远远不及孩子们在家庭中真实的观察和体验。

性教育从来都不是生理卫生教育、防性侵教育。性教育是全人的教育，它的本质是关系教育。它关系着我们养育出怎样的孩子，关系着孩子如何看待自己的性与亲密关系。

也因此，性教育是爱的教育。当我们跟着孩子一起成长、一起思考时，那些唤起我们种种情绪背后的我们曾经经历过的困境，让我们有机会去体会在家庭中如何去感知爱、呈现爱、表达爱，也让我们有能力重新去认识家庭这个伴随我们终生的社会结构。

在养育孩子的过程中，家长们的"焦虑"状态，可能会影响到养育的质量和孩子的状态，但这焦虑是一份提醒我们觉察自己的礼物。它提醒我们现在处于养育困境之中，也提醒我们拨开情绪迷雾，让自己逐渐平静、逐渐看清眼下的情况。正如前文所说，性教育是全人教育，其本质是关系的教育、爱的教育。

当我们能够把性教育当作"爱"的教育时，我们便能在安宁自在中向孩子传递我们对家庭的理解、对爱的领悟，这便是家庭性教育的最好注解。

　　请各位把与孩子讨论网络色情放在家庭教育的日程上，开始实践吧！